だいわ文庫

こんなに面白かった 日本神話

松前 健

大和書房

目次

第1章 宇宙・神・日本誕生の謎

第2章 太陽神アマテラスの謎

第3章 天孫降臨と古代王朝の謎

第4章 出雲とスサノオの謎

第5章 出雲と天皇家の謎

第6章 南方系渡来神話の謎

第7章 神武天皇の謎

第8章 ヤマトタケルの謎

第9章 朝鮮渡来人の謎

第1章

宇宙・神・日本誕生の謎

1 最初の神

なぜ三神がセットなのか

天と地のできたてのころ、天上の高天原《たかまのはら》に、まっさきに出現したのは、アメノミナカヌシであり、つづいてタカミムスビとカミムスビの二神が出現した。この三柱の神は、みな配偶者のない独り神で姿を現世に現わさない神であったという。これが『古事記』の神代の巻の冒頭の記事である。『日本書紀』では、最初の本文は、中国の『淮南子《えなんじ》』や『三五暦記』などの文から借りた文章で始まるが、最初の混沌の世界から出現した神はクニノトコダチとなっており、また同書の中に数多く含まれる「一書《あるふみ》に曰《い》はく」の異伝にも、最初クニノトコダチ、もしくはウマシアシカビ、もしくはアメノトコダチが出現する話となっていて、『古事記』とは異なる。『古事記』と同じアメノミナカヌシ以下三神の伝えは、『日本書紀』のある一書の説に見えるだけである。

アメノミナカヌシ以下三神は、太安万侶《おおのやすまろ》の書いた『古事記』の序文では、「造化《ぞうか》の首《はじめ》」と呼ばれ、造化（創造）の神と考えられていたようにみえる。

ただこの三神が最初からセットとして信仰されていたかどうかは、疑問の余地がある。アメノミナカヌシは、記紀の創世記の最初の部分以外には出てこないし、また『延喜式』や『六国史』のどこを見ても、この神を祀《まつ》った神社は見当たらない。その名は「天の中央にいます主」を意味する。中国の昊天上帝、天一神《てんいつしん》、紫微《しび》大帝などといった、天の至上神の思想からの借り物で、思弁的・抽象的な産物にすぎないという説が有力である。

タカミムスビとカミムスビとは、男女の産霊《むすび》の神で、『新撰姓氏録《しんせんしょうじろく》』では、実際に多くの豪族がこれを祖神として奉じたことが記されている。『延喜式』の神名帳（全国の神社台帳）によると、前者は対馬、壱岐、大和、山城などにまつられ、後者は出雲に数多くまつられていたらしい。宮廷の神祇官でも、天皇の守り神としての八神殿の中に、この二神がまつられていた。

産霊《むすび》という語は、もともと生産・生成を意味する語で、農耕的な神としての機能を物語っている。天皇即位後初めての収穫の祭りであり、天皇の神格化の儀礼でもあるとされる大嘗祭《だいじょうさい》でも、タカミムスビは神聖な稲穂を抜き取る斎田《さいでん》のかたわらにまつられていたし、またタカミムスビとカミムスビとは、春の初めの豊作の祈願の祭り「祈年祭《としごいのまつり》」にもまつられていた。

『日本書紀』の顕宗紀《けんそう》では、タカミムスビを「天地を鎔造《ようぞう》（型に入れて造る）した功があった」と記している。カミムスビは一般に母神と考えられており、『出雲風土記』では、神々の母神とされているようである。

このムスビの二神にアメノミナカヌシを加え三神としたのは、七世紀の後半以後、道教の神学である三尊三清（天上の三つの御殿にいる三人の至上神が一体となって造化を掌るという）の思想に影響された、宮廷の知識人の産物であろう。

2 オノゴロ島1

源流は中国南部か

イザナキとイザナミの二神は、造化の三神ののちに引きつづいて出現した数多くの天つ神の最後に生まれた、男女の神であったが、他の天つ神から、「この漂《ただよ》う国を修《つく》理固成《りかためな》せ」という命を受け、天《あめ》の沼矛《ぬぼこ》を授かり、天の浮橋に立った。そこから矛を下界におろし、海水をコオロコオロとかき鳴らして引きあげた。そのとき矛の先からしたたった塩がこり固まり、自然と島ができた。これがオノゴロ島であるという。

ところが、この話に含まれる矛で海中を探って国土を創造するという筋と似た、海中からの島の創造譚《たん》が、ポリネシア、ミクロネシア、メラネシアなどに多く分布しているということが、しばしば指摘されている。たとえば、ニュージーランドのマオリ族では、英雄マウイが兄弟たちと小舟で魚釣《つ》りに出かけ、祖母の下顎《あご》の骨で作った魔法の釣針で大魚を釣り上げたところ、この魚が陸地となったという。マルクェサスでは、ティキ神が海から島を釣り上げ、サモアやトンガでは、タンガロア神が釣り上げたことになっている。

『日本書紀』の一書の伝えで、最初の国土は、海に浮かぶ魚のように浮き漂っていたと語り、また『古事記』で、「浮いた脂のように、またクラゲのように、漂っていた」と語っていて、原古の国土が魚類にたとえられているのは、その神話の素材が海辺の漁撈《ぎょろう》にあったらしいことをうかがわせるものであるが、どことなくポリネシアの島釣り神話を思い出させるものがある。

『出雲国風土記』の有名な国引きの神話では、ヤツカミズオミツヌという神が、出雲の国が狭すぎるといって、「童女《おとめ》の胸のようにはば広い鉏《すき》を取り、それで大魚のエラを突くように」国土に突きさし、これに綱をつけて「国来《くにこ》い、国来い」と言いながら引っぱって来て、出雲にくっつけた。これが島根半島のほうぼうの岬となったという話がある。ここでは国土を魚に見たて矛で突きさすという観想がある。

オノゴロ島生成の神話も、最初はイザナキが矛で魚の形をした島を突き刺して創造したという話であったものが、のちに変容して、海中をかきまわすというかたちとなったのであろうと、松本信広などは考えているが、それは、蓋然性に富む説である。矛で「シオコオロコオロに」かきまわして、やわらかな国土を固めたという表現は、このイザナキの崇拝の中心地であった淡路島の海人《あま》（古代の漁民）の間で盛んであった製塩法から出た表現であろうといわれる。彼らは海水を釜《かま》で煮つめ、棒でかきまわして固めておこなったらしいのである。

最初の国土が浮き漂っていたという伝承は、大林太良によると、朝鮮、中国、インドネシア、ポリネシアなどにひろがっている。

沖永良部島《おきのえらぶじま》や沖縄にもその型の神話が語られているし、また九州に多い「流れ島」の伝説は、その断片だろうという。これも、この神話が南方型であることを示す要素のひとつであろう。その源流・母胎は、中国の東南部あたりかもしれない。

3

オノゴロ島2

候補地はどの島か

オノゴロ島とは、もともと「おのずから凝《こ》り固まってできた島」を意味する語で、実在とは関係のない神話的な名であったと思われるが、この神話の源泉地であり、イザナキの崇拝の中心地であった淡路島ふきんの二、三の地が、これに比定されるようになった。

『古事記』に見える仁徳天皇の御製の歌と伝えられるものに、

「おしてるや　難波《なにわ》の崎よ　出でたちて　わが国見れば　淡島《あわしま》　おのごろ島　あじまさの　島も見ゆ　さけつ島見ゆ」

と歌われていて、ここではオノゴロ島は難波海岸から望むことができる島とされている。

土橋寛は、この歌が難波朝のころの実際の帝王（応神か仁徳）の国見《くにみ》の歌であろうと推定したが、もしそうだとすれば、四世紀末か五世紀初めには、すでにこの島が淡路のふきんだと考えられていたことを示している。

オノゴロ島の『釈日本紀』による位置づけは、ややあいまいで、実際の地理の知識や経験のないことからくる方角上の誤りもあるので、はっきりとはわからないが、後世のいろいろな考証家の説によると、当時ふたつの候補地があげられていたことがわかる。ひとつは淡路島の南の海中の沼島《ぬしま》、他ひとつは紀淡海峡の友ケ島のひとつの沖ノ島であろうというのである。

平安初めにできた、卜部《うらべ》家の亀卜《きぼく》の書である『新撰亀相記』には、オノゴロ島は、紀伊の国の海部郡（現在の海草郡）に属し、加太浦《かだのうら》の乾《いぬい》（西北）に伴島《ともじま》（現在の友ケ島）があり、この西南の小島がこれだと記している。

このほか、忌部《いんべ》正通の『神代口決』とか、大神貫道の『磤馭盧島日記《おのころじまにっき》』などの、近世の書には、今の淡路島北端の岩屋港のそばの絵島という岬《みさき》がこれだとし、また淡路の人、山口俊樹の『磤馭盧三所弁』などでは、淡路の三原郡幡多郷（のちの三原町榎列《えなみ》）にある高さ四間ばかりのもりあがった小丘をオノゴロ島と定めている。現在、磤馭盧島神社があり、近くに天の浮橋などの遺跡がある。

このうち、いちばん古い候補地は、『新撰亀相記』に見える友ケ島であろう。ここなら「難波の崎より」望見できると歌っている仁徳天皇の御製にも合致する。この沖ノ島は中世以降修験の霊地として知られ、観念窟《くつ》だとか序品窟《じょほん》だとかいう高い巌《いわお》がそびえる。沖ノ島の隣の神島は、加太の淡路明神がかつて鎮座した地と伝えられ、後世まで文字どおり神の島とされていた。

つぎの候補地は、沼島である。この島の東海岸には、上立神岩という巨岩が海中にそびえ、天の御柱であると伝え、近くにオノゴロ神社もある。絵島や榎列《えなみ》などについては、近世の記録ばかりで古い記録には見えない。

絵島が擬せられたのは、『日本書紀』の一書にイザナミがこのオノゴロ島を胞《え》（胎盤）として大八洲を生んだという伝えを、胞島《えじま》（絵島）として付会したのである。

4 国生み

天父・地母神信仰がもとか

イザナキとイザナミは、できあがったオノゴロ島の上に降り立ち、そこで婚を結び、日本列島のたくさんの島々、すなわち大八洲《おおやしま》を生むのであるが、この日本神話に似た国生みの神話がポリネシアにある。

たとえば、ハワイでは、ワケアという神がパパという女神と夫婦となり、パパはハワイ島とマウイ島を生んだ。ワケアはパパがタヒチに行った留守にカウラと交わり、ラナイを生み、またヒナと契ってモロカイ島を生んだ。パパはこれを知り、はらいせにルアと寝て、オアフ島を生んだ。のちパパはワケアを赦《ゆる》し、夫のもとに帰ってカウアイ、ニハウなどの島々を生んだという。パパ女神は、一般にハワイでは、「島生みのパパ」と呼ばれている。

ソサイエティ群島のライアテア島でも、大昔、ライアテアという神が、初めにボラボラ島、つぎにアウビチ、モペハ、シリーなどの島々を生み、最後にマルクェサス島を生んだという。

このような島々とか山とかを生み出す母神が、多くパパ Papa とかハヴァイキ Havaiki とか呼ばれて、「大地」を意味するらしいことは、注意を要する。これを娠《はら》ませる男神がアテア Atea とかワケア Wakea とかランギ Langi とか呼ばれ、一般に天空神と考えられているのと対照できよう。

ニュージーランドには、よく知られているランギとパパの天地分離神話がある。天空神ランギと地母神パパが結婚し、万物や神々を生んだが、ふたりの仲がよすぎていつまでも抱き合っているので、神々は窮屈で困った。そこで樹木の神タネが足を踏んばって天空を持ち上げ、現在の高さになった。ランギが夜ごとにパパを恋うる涙が夜露となるという。

これでみると、パパが島々を生むという神話は、天父と地母とが結婚し、万物が生じたという神話の海洋化し、島嶼《とうしょ》化したかたちであると考えられよう。天父と地母の信仰やその結合と分離の神話は、ギリシャのウラノスとガイアの神話をはじめ、世界的に広く分布している。

イザナキ・イザナミの二神も、もともと天父と地母の内性を有する神であったという考えは、松村武雄、松本信広、沼沢喜一、大林太良、それに筆者など、いろいろな学者によって唱えられてきた。ミソギをしたイザナキの両眼から日と月の神が生まれる話は、ニュージーランドで、日と月とは天空神ランギの子であり、また両眼であると伝え、またハーヴェイ群島でも日と月とは、天空神ヴァテアの両眼だと伝えているのと同様な観想で、天空神の両眼を日月とする古代的な信仰である。

イザナミが地母神であることは、その体内から金属神、土神、水神、生産霊（ワクムスビ）など、大地的な霊格を生み出していることでもわかる。島生みのパパの話もイザナミの国生みの話も、ともに大陸型の天父と地母から海洋的な変容を受けて国生みの話となったのかもしれない。大林太良は日本の天父・地母の信仰の母胎地を中国、東南アジアに求めている。

5 天の御柱

宇宙の中心軸か

記紀によると、イザナキ・イザナミの二神は、オノゴロ島の上に天《あま》の御柱《みはしら》という高い柱を立て、天の八尋殿《やひろどの》という御殿を建て、柱のまわりを、互いに逆の方向にまわり、出会ったとき、「あなにやし　えをとこを」（なんとよい殿御よ）、「あなにやし　えをみなを」（なんとよい女よ）と、めいめい唱え、性の交わりをおこなって、子どもを生んだという。

この天の御柱とは、いったいなんであろうか。

天の御柱という語は、もともと神が昇り降りする神聖な柱を意味したらしく、『日本書紀』に、イザナキが御子の天照大神を、天《あま》の御柱《みはしら》で天上にあげたという伝えがあることや、龍田風神祭の祝詞《のりと》に、天地を往来する風の神を天の御柱・国の御柱と呼んでいることでもわかる。

『日本書紀』の本文では、オノゴロ島そのものが「国中《くになか》の柱」とみなされ、このまわりを二神がまわっている。『釈日本紀』の中の『私記』では、国中の柱とは、天地・宇宙の中心軸を意味する語だと解釈している。

『日本書紀』の一書の伝えによると、イザナミはこのオノゴロ島を胞《え》（胎盤、エナ）として日本の島々を生んだという。

胎盤は、古代人にとって、子を生む母胎の基盤と考えられたのであろう。してみると、オノゴロ島・天の御柱は、宇宙の中心であり、国土や万物の創造の場であると考えられ、また天地の媒体でもあると考えられたのであろう。

古代のギリシャやオリエントなどの神殿にも、こうした宇宙軸を象徴する祭儀柱や建造物があった。ギリシャのデルフォイやデロスの神殿にあったという「オムファロス」すなわち「大地の臍《へそ》」という聖所は、宇宙の中心だと考えられ、これにアポロンの神の象徴といわれる「アギエウス円柱」が立てられていて、上天を支持する天柱と考えられていた。

二神が天の御柱を立て、天の八尋殿を建てたという話は、鈴木重胤によると、古代の神殿を建てるときに、その中央に忌柱《いみばしら》という神聖な祭儀柱を立てるというふうを表わすものらしい。古代の神殿の中央柱は、心柱《しんばしら》ともいい、天地の中軸とも信じられたものらしい。

伊勢神宮の正殿の床下の中央にある心御柱《しんのみはしら》は、忌柱とも、天御柱とも天御量柱《あめのみはかりのはしら》ともいい、もっとも重要な祭りである三節祭《さんせつさい》（神嘗祭、夏と冬の月次祭）のときの、ユキの大御饌《おおみけ》という秘儀の対象であったが、中世の『神名秘書』や『宝基本紀』などの書には、天地の中軸であり、万物創造の母胎であるといっている。天地の中軸といっても別に巨大な柱ではなく、床下になかば埋まっている五尺ばかりの小柱にすぎない。つまり宇宙軸の祭儀的象徴物である。

白鳥庫吉は、これとギリシャのオムファロス・アギエウス円柱とを比較し、類似を指摘している。これらの柱は神話的には宇宙軸、万物生成の場、神々の昇降の場であるが、祭儀的にはこれを象徴した忌柱《いみばしら》なのである。

6 沖縄のアマミキョ神話

イザナキ神話との類似性

アマミキョは、古い沖縄の国土創造の神である。これは同時に人間の祖先でもあり、農作のもたらし手でもあるとされる。これが不思議とイザナキと似た神話をもっている。

十六世紀から十七世紀にかけての神謡集『おもろさうし』には、太初に日神があって、下界を望むと、島のようなものがあったので、アマミキョ・シネリキョの神に命じ、国土を造らせた。この神は、天降って多くの島々を造ったが、日神は待ちきれず、そこに住む者は天界の人でなく人間を造れと命じたという。

袋中《たいちゅう》上人の『琉球神道記』（一六〇五）では、昔、シネリキュとアマミキュという男女のふたりが天降って住み、この漂う島の上に草木を植え、国土の形を整えた。ふたりは交合はしなかったが、風が媒介となって女が娠み、三人の子を生んだ。それぞれ貴族の祖先、祝女《ノロ》の祖先、庶民の祖先となったという。

『中山世鑑《ちゅうざんせいかん》』（一六五〇）では、天帝が阿摩美久《あまみく》に命じて波に漂う国土を固成するようにといい、これによって彼は天降って土石や草木を海中に下してたくさんの島々を造った。つぎにふたたび天に昇って天帝に人類の種を乞《こ》うと、天帝がその一男一女を降した。二神は男女の交わりはしなかったが、女神が風を媒介として娠み、三男二女を生んだ。それぞれ国王、按司《あじ》、農民、宮廷巫女《みこ》、祝女の祖となった。最後に天上から五穀の種子をもらい受け、これを播《ま》き、その収穫で神々を祭ったという。これらをみると、アマミキョは、ときとしては男女の二神となっていて、イザナキの二神と似ている。アマミキョという名は「遠い海の人」という意味であるといわれるが、イザナキ・イザナミのナギ・ナミが海の波浪に関係するといわれているのと似ている。最初の国土が浮き漂うという観想も、両者にあって共通な海洋民的な伝承である。

違うところは、一方が矛で海中をかきまわすのに対し、他方は土石を投じることである。また一方は性交をおこなっているのに、他方は風によって娠んでいることである。

土や石を海中に投じる創世譚や、風による受胎譚は、オセアニアには広く語られる。琉球のほうがより南方的な特色をもっている。琉球神話には、人類の始祖伝説や農耕の起源が語られるが、イザナキの国生みにはこれがない。しかし、後世の田植歌などにはイザナキが稲種をもたらしたことが歌われるから、古い素材にはあったのかもしれない。海中に土石や草木の種子を下す創世譚は、中世の『伊呂波字類抄』に引く竹生島縁起に見えるから、この型も日本にはあったのである。

伊波普猷がかつてアマミキョ神話が古代の海人《あま》族の伝承の流れであろうと述べたのは、示唆的である。イザナキ神話も、淡路の海人の伝承を素材としたものであるから、似たモチーフがあるのは当然である。ただ一方は大和朝廷の系譜に採り上げられて政治的に整備・変形され、他方は民間的な原型を多くとどめているのである。

7 イザナキ・イザナミ
兄妹神の近親婚か

イザナキ・イザナミは天の御柱をめぐって唱和し、性の交りをおこなって子を生んだが、最初は足の立たない蛭子《ひるこ》が生まれたので、太占《ふとまに》（神聖な占《うらな》い）で天の神に伺いを立てると、最初に唱えごとをしたのが女人のイザナミであったのが悪いというので、さっそく今度はイザナキのほうから唱えごとをやりなおし、正常な子を生んだ。これが大八洲《おおやしま》であったという。

この神話と似たモチーフをもつ近親相姦の兄妹の伝説が、中国南部、東南アジアに広く分布していることから、一般にこのイザナキ神話も、そのタイプに入るものとされている。

たとえば、台湾のアミ族の神話で、大昔、大洪水の難を逃れた兄妹の神が人間を生もうと交わりを結んだところ、初めに蛇《へび》、つぎに蛙《かえる》が生まれた。日神が夫婦の失敗と嘆きをきき、白豚を犠牲に供して神を祭ることを命じた。夫婦はこれをおこなってはじめて正常な人間の子を生んだという。

別のアミ族では、熱湯の洪水を逃れた兄妹が、結婚して最初生んだのは、魚と蟹《かに》で、川に棄て、失敗の原因を月神にたずねると、兄妹相姦のためであると教えられ、ムシロをふたりの間に挿《はさ》み、穴を穿《うが》って交わりを結ぶと、一個の白い石を生んだ。中から四人の子が生まれ、人間が繁殖したという。

また中国西南部の苗《ミャオ》族や猺《ヤオ》族の間に伝わる始祖伝説でも、昔、洪水を逃れた伏羲《ふくぎ》と女媧《じょか》の兄妹がいた。兄が妹を妻にしようと迫ったので、妹は自分に追いついたら結婚しようと、大きな山のまわりをかけまわったが、兄は急に向きを逆にまわったので出逢い、首尾よく結婚した。最初生まれた子は目も口もない肉塊だったが、これを切りきざむと人間になったという。沖縄にも、兄妹がまず魚とか貝などを生み、つぎに人間の子を生んだという伝説がある。

また台湾のアミ族、サイセット族、タイヤル族、アイヌ、沖縄などには、最初の男女、もしくは兄妹が、男女の交わりの道を知らず、鶺鴒《せきれい》、蠅《はえ》、バッタ、海馬、海鳥などの交わるのを見て、これを学んだという伝承があるが、このモチーフは、『日本書紀』の一書の伝えに、イザナキ・イザナミの二神が、鶺鴒の首尾を動かすのを見て男女の道を知ったという伝承と一致する。

松本信広は、こうした兄妹の伝説とイザナキ神話とが同じ系統のものであることを示唆したし、岡正雄は、東南アジア系の相姦伝説に、前半の洪水のモチーフが脱落したものが、イザナキ神話となったという仮説をたてた。

これに対し、大林太良は、東南アジアの兄妹相婚譚のなかで、ヴアルクなどが「原初洪水型」と呼んだ、原古の海洋のなかから岩が出現し、その上に兄妹が降って来て婚し、人類の始祖となったという伝承——洪水の件が最初から欠けている伝承——があり、これがイザナキ神話の原型であったのではないかと述べている。筆者もかつてオノゴロ島で婚する話は、「原古の岩」という南方系の伝承のモチーフと同じではないかと論じたことがある。

8 イザナキの本拠地 どこにあったのか

イザナキの終焉地《しゅうえん》としている地が、『古事記』と『日本書紀』とでは違っている。

すなわちもっとも古い写本とされる『古事記』の真福寺本では、この神は「淡海《おうみ》（近江）の多賀に坐《いま》す」と記されているのに対し、『日本書紀』では、この神は三貴子の出生ののち、「幽宮《かくりのみや》を淡路の洲《しま》に構《つく》り、寂然《しづか》に長く隠《こも》りましき」と記されているのである。

『古事記』の淡海の多賀とは、現在滋賀県犬上郡多賀町に鎮座する多賀大社で、江戸時代には多賀講という信仰団体が全国にひろがり、伊勢の天照大神の親神のイザナキをまつる社として知られていた。

「お伊勢参らば、お多賀へ参れ、お伊勢お多賀の子でござる」と歌われたくらいである。ここでおこなわれる四月の春祭には、両頭人が、めいめい奉持する幣を合わせる御《ご》幣《へい》合《あわ》せの儀があり、二神の婚姻を表わすという。この神社は、『延喜式』には、近江国犬上郡の多賀神社二座として記されている。

ところが、『日本書紀』に記す淡路の伊弉諾《いざなぎ》神社（明治になって神宮と号した）は、やはり淡路島の津名郡一宮町大字多賀にあって、やはり「多賀」の地名と結びついているのも不思議である。『旧事本紀』などでは、わざわざ「伊弉諾尊《いざなぎのみこと》また淡路の多賀に坐《いま》す」と記している。『延喜式』では、「淡路伊佐奈岐神社」と記されているのがそれである。

さて、このふたつのタガに鎮座するイザナキの社のどちらが古く、本来のものであろうか。これをきめる手がかりは文献記録しかない。近江の社のほうは、じつは古い記録には見えない。『延喜式』では、この社は小社とされている。

これに対し、淡路の社のほうは、『延喜式』では名神大社《みょうじんだいしゃ》と記され、『三代実録』では、平安の貞観年間に勲八等からひと飛びに一品《いっぽん》の位を授けられている。一品《いっぽん》とは天皇の最近親者の皇族に与える位であるが、これはイザナキが皇祖神天照大神の父とされているためであろう。古くから朝廷に重んじられていた。

この淡路にイザナキ神がまつられていたことは、『日本書紀』の神代の巻以後の巻にもでてくる。その履中《りちゅう》天皇五年の記事に、天皇が淡路島に狩をしたとき、河内の馬《うま》飼部《かいべ》らが顔に入墨《いれずみ》をしたきずが癒《なお》らず、血なまぐさいといって、「島の神伊弉諾《いざなぎ》」が祝《はふり》（神職）に憑《の》り移って託宣したと記されている。

また允恭《いんぎょう》天皇十四年の記事にも、天皇が狩をここでしたとき、同じ島の神が、赤石《あかし》（明石）の海底の真珠を欲しいといって託宣を発している。

五世紀初め頃のできごとで、年代は正確ではないとしても、五、六世紀ごろは、このイザナキは、たんなる「島の神」で、皇祖神との関係はまだなかったのであろうが、有力な神であったことは確かである。

9 ヒルコ　太陽の子か

　ヒルコは水蛭子（記）とか蛭児（紀）とかいろいろな字が当てられていて、いかにも動物のヒルを連想させるが、また『日本書紀』の一書の伝えでは、三歳になるまで脚が立たなかったと語られ、とにかく常人なみではない子であることを表わしている。

　これを葦船に入れて流すという『古事記』の記載は、いかにも流産児や未熟児を、そうした方法で始末した古俗を反映しているようにみえる。後世の民俗でも、養育しがたい嬰児《えいじ》は、オカエシといって桟俵《さんだわら》に乗せて川に流すふうがあったし、また厄年《やくどし》に生まれた子は箕《み》やタライに入れて川や海に流し、あとで人に拾ってもらうというふうがあった。

　ところが、じつはヒルコの内性については、これとまったく違った解釈が一方に出ているのである。それはヒル子即日子《ひるこ》――太陽の子――という説である。つまり「蛭」という字は当字《あてじ》にすぎず、天照大神の別名オホヒルメが日女《ひるめ》であると同じく、男性太陽神日子《ひるこ》、もしくは太陽神の御子としての日子《ひるこ》であろうというのである。これもじつは一面妥当なのだ。

この説は、すでに江戸時代の小説家滝沢馬琴が『玄同放言』のなかで唱えた説であるが、ここではヒルコは日神の子としての北極星であるとして、自然神話的解釈をおこなっている。この「太陽の子」としてのヒルコ流しを、世界のあらゆる類型の貴人漂流譚と比較し、そこに共通する太陽的特色を見出すことによって、民族学的・比較神話学的に浮き彫りにしようとしたのは松本信広であった。氏はフロベニウスの研究にもとづき、この説話型の例を多くあげた。

たとえば、バビロニアのサルゴン王が父なくして生まれ、母がこれを葦《あし》の籠に入れて川に流した話。ギリシャ神話ではアルゴスの王女ダナエを天神ゼウスが金の雨に化して訪れ、懐胎させ、ペルセウスを生むが、父王が母子を箱船に入れて流す話、また同様な処女受胎で、インドの太陽神スーリヤの子カルナが、柳の籠に入れ流された話、などなどである。

フロベニウスがこの話のなかに太陽的色彩が強いことを指摘し、太陽が毎朝その幽閉を破って海上に昇るという、自然神話として解釈をしたのに対し、松本は、これを祭式と結びつけて解釈し、魂の新生を表わす通過儀礼の思想の現われとした。

この説話型が太陽的色彩が強いことは日本でも同様である。オオヒルメという王女が朝日によって受胎し、生まれた児とともにウツボ船で流される大隅正八幡宮の縁起、また同様なウツボ船で流される蚕の神の祖金色姫《こんじきひめ》、はては密通のとがで同様な船で流される照手《てるて》姫までみなこれに属する。

このモチーフは、通過儀礼というよりは、むしろのちに松本が広く実証的に展開し、また筆者自身もいろいろと考証をした「太陽の船」の祭式、太陽神を船に乗せて送迎する儀礼との結びつきが考えられる。

10 ヨモツヘグヒの信仰

火の穢れのタブーか

記紀の黄泉国《よみのくに》の物語で、死んだ妻のイザナミを訪ねたイザナキは、イザナミから「私はもうヨモツヘグヒをしたから現世に還れない体となった」といわれるところがある。

ヨモツヘグヒは、黄泉《よみ》の国の竈《かまど》で炊いた食物を食べることである。へとはヘッツイすなわち竈のことである。『日本霊異記』でも、智光という僧が地獄を見聞した話に、「慎みて黄泉竈《よみのへつい》の火の物は食ふことなかれ」という語が出てくる。

日本の民家では、竈、とくに庭竈などは、多く特別な祭り、一家一門の寄合などのさいの、共同の飲食に用いられた。子方筋の家をケライカマドといい、分家することをカマドを分けるといっているのは、竈で炊いた食物を共食すると同じ血肉の一族となるという信仰の表われである。ファン・ジェネップも説くように、古代人の信仰として、同じ食物を食べ合う者は同じ血肉の兄弟となるという信仰がある。したがって、他界の住人と同じ食物を共食すると、死者の仲間入りをすることになる。

日本においては、共食の信仰は、往々カマドと結びついている。その理由は、たぶん本居宣長も説くように、火の穢《けが》れのタブーからきている。古代人は火の清浄を重んじ、清らかな火、すなわち神聖な鑽《きり》火《び》で作り出した火で煮炊きしたものを食べると、清浄な心身となり、反対に穢れた火で炊いたものを食べると、穢れるという信仰をもっていた。

死《し》忌《いみ》にかかることを「火ガカリ」とか「火ガワリ」、喪家で飲食するのを「火を食べる」と呼び、これに触れると七日間喪家に寝泊りをしなければならぬこと、また死者の枕飯や送り団子などを炊くのに、庭に臨時の外竈を設けることなどの慣習もある。

ではヨモツヘグヒのモチーフをもつ説話は、他の民族にはないのであろうか。

ギリシャ神話で、デメテル女神の娘のペルセフォネが、冥府王のプルトンにさらわれ、冥府でザクロの実を食べたため地上に還れなくなったという話は有名である。この型の説話は「死者の食物」型と呼ばれ、広く世界中に分布する。バビロニアの英雄アダパが、神々の与えた食物が「死者の食物」かと疑い、これを拒絶したという話にもみられる。この信仰は、ヨーロッパ、アジア、ネイティブ・アメリカン、オセアニアなど、ほとんどあらゆる地域にある。時としては、呪医《じゆい》が病人の失踪《しつそう》した霊魂を招き返す招魂法において、この信仰が用いられ、病人が治らなかったのは、魂があの世で食物を食べたからと説明される。

ただその食物は地域・民族によりさまざまで、チノーク人では冥府の井戸水、メラネシアのニューカレドニアではバナナ、中国では鬼肉、ケルト人ではリンゴ、などと異なっている。これらはみなその民族にとり、特別な宗教的な食物であることが多い。ヨモツヘグヒのような「竈で炊いた食物」という例は、ほかにはみられないのである。

11 カグツチ

豊饒霊の発生を語る神話か

イザナミは多くの国生み、神生みののち、最後に火の神迦具土神《かぐつちのかみ》を生んだため、陰所《ほと》をやけどし、死んで黄泉国にくだる。

『古事記』では、この神が生まれたとき、母イザナミが苦しんで吐いたものからカナヤマビコ・カナヤマビメ、大便からハニヤスビコ、ハニヤスビメ、小便からミヅハノメ、つぎにワクムスビとトヨウケビメが生まれる。

『日本書紀』本文では、イザナミが火神を生んだのち、ハニヤマヒメとミヅハノメを生み、さらにカグツチがハニヤマヒメと婚して、ワクムスビを生み、ワクムスビの頭の上から蚕と桑、臍から五穀が生じたという。

これは火の力と土と水との結合による豊饒霊《ほうじょう》の発生を物語るもので、古い時代の焼畑耕作、あるいは一種の農耕の火祭りの行事と結びついていた神話であったらしい。

このワクムスビからの五穀の化生は、あとでも述べる「ハイヌウェレ」型に属する。

糞尿《ふんにょう》からの土神や水神の誕生は、その形状からの連想と農作の肥料の連想も感じられる。

『鎮火祭祝詞《ほしづめのまつりののりと》』に見える伝えに、ホムスビ（カグツチの異名）の荒びを鎮めるため、イザナミは、黄泉平坂《よもつひらさか》からいったん立ちもどり、水神、匏《ひさご》、埴山姫《はにやまひめ》、川菜《かわな》の四種を生んだという話があるが、この祭りは、一種の火伏せ、つまり火災予防の祭りで、六月・十二月の晦日《みそか》に、宮廷の卜部《うらべ》の役人たちが鑽火をおこなって火を作り、これに水と藻《も》をかぶせて消し、土に埋めたらしい。実際に古代の消火の作法が儀礼化したものであろうが、その祝詞《のりと》は、その由来を語り、火神による災厄を防止しようとしたのである。

この火神を生むに当たって、イザナミが陰所を焼いたという話は、オセアニアや南米などにある、鑽火の由来話に、女の体、ことに陰所から最初の火が生じたという神話と共通な母胎から出た話であろう。これは火鑽臼《ひきりうす》を女体に見たて、火鑽杵《ひきりぎね》を男性に見立てるという、発火器具の連想も反映している。実際に、ニューギニアには、男女の交合により最初の火が出されたという神話が語られる。

鑽火《きりび》神話としての要素は『日本書紀《し》』の一書の伝えに、火神を怒ったイザナキが斬り殺したとき、その血が石や樹に染みつき、そのために木や石が火を含むのであると語っている伝承にもうかがわれる。最初の火が岩石や樹木の中に入りこんだので、これらをこすり合わせると出て来るという神話は、世界中に語られている。

この火神をイザナキが刀で斬り殺したとき、血が岩にほとばしり、裂けた岩石の神、火の神、雷神、雨神、水神が生まれ、またその死体から多くの山の神が生まれる。これは一面に火山の爆発に伴う火山弾、雷雨などの現象の神話化だとする説は、山田孝雄、松本信広、松村武雄、ヴァンノフスキーなどが唱え、また筆者もこの要素の存在を認めた。ポリネシアの火の起源譚では、火を体から取り出される地下の女神マフイカは、火山神とされている。

第2章

太陽神アマテラスの謎

12 アマテラス
タカミムスビとどこで入れ替わったのか

日神天照大神、一名大日孁貴《おおひるめのむち》が、皇室の祖神とされていることは、記紀の天孫降臨の神話や神武の東征譚、崇神・垂仁紀のアマテラス祭祀の伝承を見ても、明白なはずであるが、じつは伝承をもう少しこまかく分析したり、宮廷や伊勢神宮などの祭りの様式を調べてみるなら、これと違った結論、すなわちこの神は皇祖神ではなく、ほかに皇祖神がいたらしいことがわかるのである。

伝説と史実をいったん切り離して、確実な記録のうえから、実際にアマテラスを宮廷でまつったことは、奈良時代まではなかった。

宮廷内に関係の深い神々の祭りを扱った『延喜式』の祝詞《のりと》にも、この神はほとんど出てこない。わずかに祈年《としごいのまつり》祭と月次《つきなみ》祭の祝詞に、他の大勢の神々の名のあとで、付加的なかたちでこの神の名があげられているにすぎない。しかも皇祖神としてではなく「伊勢にいます神」として。

平安になってから、即位のレガリヤである三種の神器のひとつの鏡が、伊勢神宮の神体の八咫鏡《やたのかがみ》と同一視され、「伊勢の御神」と呼ばれて尊崇されたが、平安初めまでは特別な祭祀はされなかった。

この神鏡を、他の二器と引き離して内侍所《ないしどころ》（温明殿《うんめいでん》）に置き、毎月朔日《ついたち》に例供《れいく》という祭りをおこなったり、毎年十二月の吉日に、その前庭でこの神のために御神楽《みかぐら》をおこなったり、天皇が、朝夕に清涼殿《せいりようでん》の石灰壇《いしばいのだん》からこの神に対して御拝《ぎよはい》をしたりするようになったのは、すくなくとも平安の中期以後である。

内侍所（温明殿）は、元来天皇への伝奏や身のまわりを世話する女官内侍《ないし》たちのいたところで、諸儀式に必要な諸道具の置場でもあったが、その宝物のひとつの神鏡の祭祀の開始によって、アマテラスをまつる神殿のようにされたにすぎない。建物の造りは神社のそれではない。

天皇の即位後すぐの新嘗祭《にいなめまつり》は、とくに践祚大嘗祭《せんそだいじようさい》と呼ばれ、天皇の国家統治の大権にかかわるもっとも重要な祭りであったが、ここでも古くはアマテラスをまつっていたという記載はない。平安末から中世にかけて、この神を祭神とするという学者の記述があるが、後世的なものばかりで、問題にならない。

『貞観儀式』や『延喜式』のような平安前期の古い記録によると、大嘗祭の準備のため設けられた斎場《さいじょう》に、タカミムスビ以下の八神がまつられ、これが大嘗祭の本来の祭神であったらしい。この八神は前述の神祇官の八神とはやや違うが、タカミムスビ以下祭神に共通なものが多い。タカミムスビがこれらの祭りのさいの主神のようなかたちであるが、元来農耕・生産の神で、皇室では古くから祖神としてまつっていたものらしい。

天孫降臨神話でも、本来重要なのは、アマテラスよりもタカミムスビで、『日本書紀』の本文の伝えなどには、タカミムスビだけで、アマテラスは出てこない。タカミムスビが本来の祖神であったことは明らかである。

13 アマテラスの乗物

珍敷塚古墳が示す太陽の舟

世界の神話をみると、太陽の神は天空を旅するのにいろいろな乗物に乗っている。龍蛇とか鳥、馬などのような動物に乗っている場合もあるし、またもっと人工的な乗物に乗る場合もある。

そのなかで、古代文明の世界で有名なのは、馬車と船である。

ギリシャ神話でおなじみの太陽神アポロン、あるいはヘリオスは、馬車をもっていたことが知られている。

北欧神話の太陽女神ソルや、インドの日神スーリヤ、バビロニアの日神マルドック、中国の羲和《ぎか》など、いずれも馬車を乗物とする。馬車を主要な旅行具とし、戦争にも用いた、ユーラシア大陸の草原地帯の民族文化の所産であったと思われる。

これに対し、太陽の神が船に乗るという観想は、古代エジプトで知られている。その墳墓の中の壁画や、パピルス文書『死者の書』や、オベリスクその他の記念物の彫像などに、太陽の神ラーが船に乗る姿が画かれている。そのラーの船は、死者の霊魂を他界にまで運ぶ、いわば乗合船《のりあいぶね》でもあった。

ところが、これと同様な信仰が、古くはもっと広くおこなわれたらしく、アイルランド、ブリタニー、デンマーク、スウェーデンなどの青銅器時代の古墳の内壁や、海岸の岸壁などに、エジプトのそれと似た舳《へさき》と艫《とも》がそりあがった、ゴンドラ型の太陽の舟の彫像がある。

太陽の舟という観念は、シュメール、ペルシャ、インドなどにもおこなわれたらしく、また東南アジア、オセアニアまでもおこなわれている。松本信広は、これをユーラシア大陸南岸沿いに分布した海洋民文化の所産だとしている。

ところが、九州の福岡県浮羽郡の六世紀ごろの珍敷塚《めずらしづか》古墳の玄室の壁に画かれた彩色画に、ヨーロッパやエジプトの太陽の舟の像と似た形のゴンドラ型の太陽の舟の図像、両端がそりあがった小舟の上に、赤い同心円が画かれ、舳《へさき》に烏《からす》がとまり、舟には漕手とカイが画かれる。これは正しく太陽の舟である。

大阪の住吉大社の古い文書『住吉神代記』は平安前期のものと思われるが、ここに、船木連らの祖先のオオタタが日神を舟に乗せたという伝承があげられ、これを記念してある墓のなかに、それの象徴としての木船《きふね》と石船《いわふね》とを納めたと記されている。太陽の舟の信仰がここでも墳墓と結びついている。

この太陽神の名は、伊勢の太陽女神アマテラスとは別な神なのかどうか明らかではないが、『播磨国風土記』を見ると、天照大神の舟に、日向の朝戸君《あさべのきみ》という人物が猪を献じる記事がある。伊勢神宮の祭りには、海人《あま》の漁獲物が供物とされている。

おそらく舟や海に関係の深い神であったのであろう。

14 アマテラスの性 もとは男神か

アマテラスが女神とされていることは、記紀には明証がある。別名のオオヒルメも、「日女《ひるめ》」すなわち「太陽の女性」を意味する話であるとされている。

しかし、これもよく調べてみると、はたして最初から女神であったかどうか、すこぶるあやしくなるのである。神話的伝承というものは、いろいろな変遷過程を経て現在のかたちになっているものだからである。

『延喜式』の神名帳を見ると、山城、大和、摂津、丹波、播磨、対馬などの各地に、天照御魂神《あまてるみたまのかみ》とか天照神《あまてるかみ》とか天照玉命《あまてるたまのみこと》などという、アマテラスという伊勢の神の称号に似た名の神をまつる社があったことがわかる。

テラスという語は、テルという語の敬語法であるから、このアマテル神に、特別な敬称をつけたのが、アマテラス大神であることがわかる。すなわち、伊勢の大神だけは、皇祖神という資格が与えられたため、そうした称号で呼ばれたのであろう。ところでこれらのアマテル神の多くは、男神であったらしいのである。

伊勢の天照大神も、古くは一個のアマテル神であったことは、伊勢の神路山を一名天照山《あまてるやま》と呼んだり、神楽歌のなかで、「天照るや　ひるめの神」と呼ばれているのをみてもわかる。

鎌倉時代の通海上人『大神宮参詣記』によると、天照大神が夜な夜な斎宮《さいぐう》の寝所に通い、御衾に蛇の鱗《うろこ》をおとして行くという伝承があったという。一種の蛇聟の話であるが、この神が一面に巫女としての斎王と婚する男神としての記憶があったと、筑紫《つくし》申真《のぶざね》は推定したのである(『アマテラスの誕生』)。また記紀神話で、天上をゆるがして登るスサノオに対し、雄々しく男装して立ち向かった大神の姿も、かつての男神の痕跡といえぬこともない。

この神が男神でなかったかという疑いは、すでに江戸時代に伊勢神宮側の学者の抱いたことでもあった。度会延経らの考証がそうである。延経は皇大神宮の北にある別宮荒祭宮《あらまつりのみや》の祭神アマザカルムカツヒメの名は、ムカヒメすなわち正妻の意であり、これは元来男神としての天照大神の后神《きさきがみ》であろうという。

近代になってアマテラス男神説は、津田左右吉、折口信夫によっても唱えられ、また筑紫申真、岡田精司、また筆者などによっても、いろいろと展開されている。折口信夫は、オオヒルメという原義は、「日女《ひるめ》」ではなくして「日妻《ひるめ》」すなわち太陽神の妻であるといい、男性大陽神天照大神に妻として仕える巫女がヒルメであり、斎王を指す語であるが、代々のこの巫女のイメージが祭神の姿に投影し、アマテラス即オオヒルメというかたちとなり、この神は女性化したのであろうという。

記紀の天石窟戸の神話を見ても、大神は神衣を織ったり、新嘗祭をおこなったりして、巫女としての面をもっていることはみのがせない。

15 アマテラスと伊勢神宮

伊勢とどのような結びつきか

『日本書紀』を見ると、皇祖神アマテラスが伊勢でまつられるようになった事情は、つぎのとおりである。

神武天皇以来、大和朝廷の初期の頃の歴代の天皇は、アマテラスの御神体としての八咫鏡《やたのかがみ》を、同じ御殿の中にまつっていたが、第十代の崇神天皇のとき、天皇は神威をおそれて、皇女トヨスキイリヒメをその御杖代《みつえしろ》（ヨリマシとしての巫女）として奉ぜしめ、大和の笠縫邑《かさぬいのむら》（現在の桜井市三輪の檜原《ひばら》神社ふきんか）にこれを遷《うつ》しまつった。

そのつぎの垂仁天皇のとき、このアマテラスをトヨスキから放し、あらたに皇女ヤマトヒメを立てて御杖代とした。この姫は、大神の鎮斎地を求めて、大和の宇陀の篠《ささ》幡《はた》から、近江、美濃を通って伊勢に到った。このときアマテラスが姫に対し、「この神風の伊勢の国は、常世《とこよ》の浪のしき浪寄する国なり。傍国《かたくに》のうまし国なり」という神託を授け、この国に住みたいというので、ここにその斎宮《いつきのみや》（これをいつきまつる御殿）

を、五十鈴《いすず》川のほとりに建てた。これを磯宮といい、アマテラスが初めて天降った地であるという。

以上の物語が史実かどうかについては、幾多の論議がなされたが、現在の学界の趨《すう》勢《せい》としては、これは史実ではなく、たんなる伊勢神宮の鎮座縁起としての伝説にすぎず、大和朝廷とアマテラスとの結びつきの由来を語るために作られた説話であろうという説が、支配的である。

もしこの話のとおりに、古くは天皇がこの神を同殿共床《どうでんきょうしょう》(同じ御殿、同じ床《ゆか》)にまつっていたのを、ある時期に伊勢に遷し、これをまつったのが伊勢神宮であるとすれば、伊勢神宮の社殿は、宮廷の天皇の宮殿の構造もしくは天皇の王権にかんする祭りである大嘗祭の建物、大嘗宮の構造と、同一でなければならないが、二者はどう見ても異質のものである。

また伊勢神宮の祭りと、大嘗祭などの天皇の親祭による祭りとは、共通の点は何もない。

もし八咫鏡《やたのかがみ》が他の二器とともに、即位のためのレガリアとして、天皇がこれを持っていたのが、ほかに遷されたのであるとすれば、当然即位式や大嘗祭などのとき、これを宮廷に運ぶか、もしくは天皇自らがその社頭に赴《おもむ》いて、これらの行事をおこなうべきであるが、別にそうした例はない。天皇の伊勢行幸などは、七世紀後半の持統天皇のときまでは、まったくなかった。

ヤマトヒメの遷幸の話は、ほぼ後世の斎王一行が任地の伊勢に赴く行事(これを斎王群行という)の旅程と一致し、その斎王制度の由来話であろう。ヤマトヒメは、『古事記』によると、景行朝まで生き長らえ、倭建命に神剣を授けている。中世の神道書などには、数百年も長寿を保った人物と語られている。しかし、もともとはたんなる「大和からの姫」の意で、伊勢の人たちが大和から来た斎王に対して用いた普通名詞的な呼び名であったものが、後世に初代の伝説的人物の名としたのであろう。トヨスキと笠縫の話は、たぶんまったく別系の説話が挿入されたものと思われる。

16 伊勢神宮の心の御柱

太陽神の聖なる柱か

伊勢神宮の心《しん》の御柱《みはしら》とは、前にも触れたように、内宮《ないくう》と外宮《げくう》の正殿《しょうでん》（本殿）の床下の中央に立てられている秘密の柱のことで、別名を天《あめ》の御柱とも天の御量《みはかり》の柱とも忌《いみ》柱《ばしら》とも呼ばれている。柱とはいっても、建物の構造の中の柱ではなく、全長五尺（約一・五メートル）ばかり、直径四寸（約十二センチ）ばかりの檜《ひのき》の柱で、地下に三尺埋められ、地上に二尺出ているにすぎない。この上を五色《ごしき》の絹をまきつけ、八重榊《やえさかき》で飾り、さらにそのまわりに、四百枚とも八百枚とも言い伝える、天《あめ》の平瓮《ひらか》という丸くて底の平たい皿を積み重ねていると、中世の神道五部書、『太神宮心御柱記』、『元々集』、また多くの正遷宮記は伝えている。

この柱は外からは見えず、覆《おお》い屋で隠されているが、遷宮のときは新しいのと取り換えられ、ものものしい奉建祭の儀礼を伴って建てられるのである。

この柱は決してたんなる柱ではなく、陰陽造化の基盤であるとか、天地・宇宙の中心だとか、中世の神道書にはいろいろと論じられているように、神宮の祭りには重要な機能をもっていた。神嘗祭《かんなめさい》や夏と冬の二季の月次祭《つきなみさい》を含めた、神宮の重要な祭りである三節祭《さんせつさい》には、この柱に向かって、童女の巫女である大物忌《おおものいみ》らが、供饌《きょうせん》をおこなったのであり、これが由貴大御饌《ゆきのおおみけ》といって、祭りの中心部分であった。

また神嘗祭のときには、斎田から抜かれた聖なる稲穂は、まず外宮のこの柱にささげられた。伊勢の内・外宮には、それぞれ御神体の神鏡が正殿内の御船代《みふなしろ》、およびその中の御樋代《ひしろ》という箱に納められ、衣類や衾《ふすま》（ふとん）、枕、櫛笥《くしげ》、履《くつ》など、女物の装束などひとそろいがこの中に納められている。しかし不思議なことに、この神鏡に対して直接供饌がおこなわれることはなく、その神殿の床下の柱に対しておこなわれたのである。

この供饌をおこなう大物忌は、その土地の豪族で、内・外宮のそれぞれの禰宜《ねぎ》をしていた荒木田と度会《わたらい》の二氏から出た娘であった。この由貴大御饌には、朝廷から派遣されていた斎王、神宮司、祭主なども、参加はできなかった。

物忌《ものいみ》の父という介添え役がつきそうだけであった。

これは真夜中《まよなか》の秘儀であるが、翌日の昼間には、斎王、神宮司、祭主、その他多くの宮廷からの高位の人たちの拝礼、祝詞奏上、また官女たちの五節舞《ごせちのまい》や官人たちの大和舞などがあり、前庭でにぎやかに繰りひろげられたが、これらはたぶん後世の付加物であった。

もともとは土地の人たちの古い太陽神の祭りであり、土地の漁民や農民たちが漁獲物や稲穂を神体もしくはヨリシロとしての聖なる柱（これはもとは榊であったのかもしれない）にささげ、彼らの選び出した斎女がこの供饌を取りおこなったのであろう。それをある時期に、大和朝廷が改め、八咫鏡《やたのかがみ》という別な神体を押し立て、この神を皇祖神と同一視した。しかし床下の秘儀だけは、後世まで（明治の前まで）つづいたのであろう。

17 アマテラスの出自
海人族の太陽神か

伊勢神宮の古い名称が、「磯宮《いそみや》」であるということが、前述の『日本書紀』の垂仁紀に記されているのであるが、現在は海よりだいぶ隔った五十鈴川《いすずがわ》の上流にあるということは、不思議なことである。かつてはどこかに、もっと海辺に近い地点にこれが鎮座していた名残りでなかったとはいえない。

しかし、この神宮の祭りの神饌《しんせん》をみると、古くからふきんの漁民らの海産物が大部分であることは、注意しなければならない。

ヤマトヒメの遷幸譚は、中世の『倭姫命世記《やまとひめのみことのせいき》』などでは、伊勢に到るまでの行程が、さらにこまかくなっており、行くさきざきで神田と神戸、すなわち神領を定めたことが記され、まったくの伊勢の神領と摂社の縁起譚というかたちとなっている。

とくに伊勢に入ってからの行程は、船に乗ってあちこちと巡幸し、あるときはたくさんの魚が集まってこれを迎え、またあるときは二見の浜で堅塩《かたしお》を献上された。五十鈴川の川上に大宮を定めたのちも、志摩の国崎に幸し、潜女《かずきめ》（海女）を定め、魚介類や海藻類を献上させている。これらが神宮の御厨《みくりや》となった由来話なのである。それにしても、神宮は伊勢・志摩の海人とは関係が深いことがわかる。

この神宮の鎮座する度会《わたらい》も、『皇大神宮儀式帳』に「百船《ももふね》の度会《わたらいの》県《あがた》」といわれているように、漁船の行き交う船着き場であったし、外宮の禰宜《ねぎ》家であって、伊勢国《いせのくにの》造《みやつこ》と同族といわれる度会《わたらい》氏も、また内宮の大内人《おおうちびと》という神職の家であり、サルダビコの裔《すえ》だと伝える宇治土公《うじどこ》氏なども、ともにもとは磯部《いそべ》氏と呼ばれ、いわば漁民の長ともいうべきものであった。

アマテラスの神体を入れる御船代《みふなしろ》という箱の形状は、中世の『貞和御餝記《かざり》』などで見ると、縄かけ突起のついた棺状のもので、船の形とはやや異なるが、荒木田経雅の『太神宮儀式解』などには、日の御子が天降って来た天の磐船《いわふね》を象《かたど》ったものという伝承があることを記している。『倭姫命世記』でのヤマトヒメの遷幸の途中でも、美濃の国でその国造らが御船三隻を献上している。このときは陸上を遊幸中のことであるから、実際の船というよりは、御船代《みふなしろ》のことか、もしくはその神のための船の模型なのかもしれない。もちろん伝説上のことで、史実ではないが、そうした口伝があったことは重要である。

前述の『播磨風土記』の天照大神の船という伝承も重要である。『延喜式』には、この伊勢度会郡に、大神乃御船《おおみかみのみふね》神社という社がある。アマテラスの乗る船の神格化であろう。要するに漁民の神だろう。

アマテラスの前身と思われる前述の天照神《あまてるかみ》、天照御魂神《あまてるみたまのかみ》も、ほとんどが海人に関係している。アマテル神をまつる豪族の尾張氏も別名を「海部氏《あまべ》」と呼ばれていたし、その分族の多くが、凡海連《おおしあまのむらじ》、大海人部直《おおあまべのあたい》、などと海人系氏族であったことも、間接に参考となろう。

18 皇祖神アマテラス

大和朝廷が祀ったのはいつからか

伊勢神宮が皇祖神とされる前に、この地方に古いローカルな太陽崇拝があったらしいことは、いろいろの学者が論証しようとしている。二見ガ浦の輪《わ》ジメ縄や、神島の正月のゲーター祭り、グミの枝で作った日像《ひがた》の輪なども、みな太陽のシンボルであり、古い民俗行事と思われる。東南アジアや中国で、太陽にゆかりのある鳥といわれている鶏が、神宮の祭りには、古くから重要な位置を占めていることなども、そうした証拠であろう。

こうした漁民の太陽神を、大和朝廷が皇祖神として採り上げたのは、いつ頃であろうか。

皇室の古い祖神・祭神はタカミムスビであったが、アマテラスの信仰が宮中に進出した律令時代に至っても、宮廷の祭りでの主神はタカミムスビであった。してみると、アマテラス即皇祖神という信仰は、そんなに古くないことがわかる。

『日本書紀』の敏達紀には、宮廷内に日祀部《ひまつりべ》の設置が記されている。六世紀の後半である。上田正昭、岡田精司などの学者によって、これが神祇官以前の宮廷の祭官であり、太陽神の祭祀を掌《つかさど》るものと説かれている。

この日祀部の祭神がアマテラスかどうかは、問題となるところであるが、敏達帝の大宮のあった大和の他田《おさだ》には、後世式内社の他田坐天照御魂《おさだにますあまてるみたま》神社があって、これは古い日祀部の遺制であろうといわれる。ところが、この祭神は、アマテラスではなく、火明命《ほあかりのみこと》であり、アマテルミタマなのであった。してみると、他田の日祇部の設置当時は、まだアマテラスの崇拝は宮廷にはなかったともいえる。「日の御子の統治」という思想は、朝鮮半島にも古くからあり、日本でも応神、仁徳の難波朝（河内王朝）には、すでにあったと思われるふしがある。仁徳天皇の大刀を吉野の国栖が歌ったという、『古事記』の「ほむだの日の御子、大雀《おおさざき》……」などの歌は、たしかに実在の天皇だとされている仁徳への当時の儀礼歌であったのであろうが、これには「日の御子」という讃辞が述べられている。

朝鮮半島との交渉が盛んになって、大陸の日の御子の思想が、朝廷内にも浸透してくると、大王家の祖神としてもっとも適当な太陽神が探し求められた。尾張氏のアマテル神もそのひとつであろうし、紀の国造家の日前《ひのくま》神宮もその候補とされたこともあったらしい。天石窟戸神話でもこの日前神宮のことは出てくる。

上田正昭は、伊勢の度会氏などの奉じる日神の崇拝の地に皇祖神アマテラスをまつったのは、伊勢と宮廷の交渉の記事の多い雄略朝であろうと説いている。

わたしは、これを妥当だと思うが、それで完全に皇祖神となったのではなく、最初は守護神程度のものが、長く続いたらしいが、直木孝次郎なども述べているように六世紀中葉の継体朝頃から斎王が代々派遣されたり、中臣や忌部などの宮廷祭祀氏族が従来の度会や宇治土公などの土着氏族の上に立って祭祀を管掌したり、いろいろな政策によって皇祖神化していったのであろう。

19 天の石窟戸

海人が伝えた東南アジアの神話か

天の石窟戸《いわやど》の神話は、『古事記』ではつぎのような筋となっている。

スサノオは姉のアマテラスの天上の宮殿を訪れたが、わがままがつのり、大神《おおみかみ》の田を打ちこわすなどさんざん乱暴をはたらき、はては生きた馬の皮を剝《は》いで、大神の神聖な機織殿《はたおりどの》に投げ込むようなことまでしたので、大神は怒って、石窟《いわや》に隠れてしまった。そこで天地が暗くなり、いろいろな災がおこる。

神々が集まって対策を協議し、常世の長鳴鳥（鶏《にわとり》のこと）を鳴かせたり、分担していろいろな祭りの準備をした。フトダマが榊に玉と鏡と幣《しで》をつけたものを持ち、アメノコヤネが祝詞《のりと》を読んで、女神アメノウズメが岩戸の前で、胸や腰を露《あら》わにして踊ったので、神々は大笑いした。不思議に思った大神が身をのり出したところを、物かげに隠れていたタヂカラオがひきだしたので、天地が明るくなった。

日神が何かに隠されたため天地が暗くなるという神話は、東南アジア、アイヌ、アラスカなどの先住民族、北米ネイティブ・アメリカンなどに分布しているが、日本の天の石窟戸の神話は、その細部のモチーフをみると、東南アジア、中国南部などに一致するものが多く、その系統と思われる。たぶん伊勢・志摩の海人らの伝えた東南アジア系の神話であろう。

中国西南部の苗族《ミャオ》の説話に、昔、十個の太陽が同時に出現し、熱くてたまらないので、九個までを射落としたが、最後の太陽は山に隠れ、暗黒となった。賢人たちが相談し、いろいろな動物に命じてこれを呼びかえさせようとするが、成功しない。最後に雄鶏《おんどり》が大声で鳴いたら、太陽が東の山から出てきた。そこで天地が明るくなり、雄鶏は王冠をもらったという。類話は、近隣の民族にも分布する。日本の常世の長鳴鳥の話も、その一変相であろう。

この話は、雄鶏が毎朝、暁天に向かって鳴くのを、日の出と結びつけ、鶏を「太陽を招く鳥」と考えた信仰の産物である。これを日蝕神話と説《と》く説があったが、あたらない。むしろ鶏の媒介による「朝」の由来話なのである。

中国では古来鶏は陽鳥（太陽の鳥）として神聖視され、魔よけにも用いられた。正月に家々の門戸に、殺した鶏をぶらさげ、またはこれを画いた絵を貼《は》りつけるなどのふうがあったことは、『荆楚歳時記』や『風俗通』などに記されている。朝鮮でも、鶏林（新羅の異名）の名の由来話としての、日の御子の誕生譚が、鶏と結びついて語られている。

鶏の原産地は、インド、ビルマ、タイ、マレイ、中国南部など、東南アジア地域だといわれるが、日本や朝鮮にも、陽鳥としての俗信を伴ってもたらされたのであろう。

伊勢神宮にも鶏はいまでも数多く飼われている。また三節祭《さんせつさい》（年に三度の重要な祭り）のとき、童男・童女によって演じられたという鳥名子舞《となごまい》や、遷宮祭のとき、内人《うちうど》のおこなう「鶏鳴三声《けいめいさんせい》」は、いずれも鶏の所作《しょさ》を表わすもので、天の石窟戸の故事《こじ》に由来すると伝えている。

20 鎮魂祭

もとは天皇家の健康呪法か

鎮魂祭《ちんこんさい》は、タマフリノマツリともタマシズメノマツリとも訓《よ》んでいて、天皇の霊魂を招き返して、その体に鎮め、その健康保全をはかるという、呪術《じゅじゅつ》的な祭りである。

古くは旧十一月中《なか》の寅《とら》の日におこなわれ、新嘗祭《にいなめさい》の前日にあたっていた。それだけいうと、天の石窟《いわや》とは一見なんの関係もなさそうであるが、じつは密接な関係があるのである。

鎮魂祭には、宮廷の神祇官《じんぎかん》の巫女である御巫《みかんなぎ》が出て、ウケフネという桶をさかさまに伏せたようなものの上に乗り、鐸《さなぎ》をつけた矛《ほこ》で、ウケフネの上を突きながら舞ったが、天の石窟のウズメも同様なウケフネにのぼり、また手に鐸《さなぎ》をつけた矛《ほこ》を持ち(『古語拾遺』)、歌舞をおこなっている。アメノウズメの後裔《こうえい》といわれる猿女君《さるめのきみ》も、『延喜式』などでは、鎮魂祭で歌舞をおこなっている。

天の石窟戸の神話では、日神アマテラスの岩隠《いわがく》りが語られている。この「岩隠り」

は、「死」を象徴するものであったらしい。

アマテラスの石窟《いわや》隠れも、『日本書紀』を見ると、大神自身がスサノオの不浄な行為により、身を汚して病気に患《かか》り、または身を傷つけ、これによって岩隠れをするのである。つまり、大神自身の病気と死を表わすのである。

ところが、鎌倉時代の『年中行事秘抄』に収められた、この鎮魂祭のとき歌われる神楽歌を見ると、やはり日神の死が歌われているのである。

「ノボリマス、トヨヒルメガ、ミタマホス」とか「ミタマガリ、タマガリマシシカミハ、イマゾキマセル」とか「タマハコモチテ、サリタルミタマ、タマカヘシスヤナ」とか歌われ、その意味は、体から遊離し、死した日神トヨヒルメ(たぶんアマテラス・オオヒルメの別名)の魂を呼びもどし、復活させようとして、タマフリをおこなうということである。

鎮魂の古語であるタマフリという語は、体から遊離した霊魂を招きかえす呪術であることは、『令義解』や『旧事本紀』にも記され、古い起死回生の呪法であったらしいが、これを古代人は、彼らの太陽神におこなって、その霊力の更新をはかったのである。

この鎮魂祭のおこなわれた期日は、ほぼ冬至の頃に当たっていて、この祭りが元来一種の太陽祭儀《ソーラーカルト》であることを推察させるものがある。

冬至は、太陽がいったん死んで生まれ替わる日だとする信仰は世界的である。その祭りはその復活または再誕を祈り、衰えた光熱を更新させ、一陽来復をはかろうとする意図をもつものが多い。鎮魂祭も、そうした呪儀を日神の化身である日の御子、天皇に対しておこなったのであろう。

この鎮魂の行事そのものは、古い天皇家の健康呪法であったらしいが、後世に伊勢の猿女君らの太陽祭儀や、物部氏のタマフリの様式を取り入れ、王権祭式と化したものらしい。

21 ツクヨミのウケモチ殺し

月信仰と五穀の起源

ツクヨミは姉のアマテラス、弟のスサノオとともにイザナキの三貴子のひとりで、男性の月神であるが、『日本書紀』では乱暴な神となっていて、食物の神ウケモチを殺し、姉のアマテラスから「悪しき神なり」と罵《ののし》られ、それ以来日月は昼と夜で別居するようになったと語られている。そのウケモチの死体から粟・稗《ひえ》・稲・麦・大豆・小豆・牛・馬・蚕などができたので、アマテラスはこれらで農耕をはじめ、養蚕を始めさせたという。

これと似たかたちの食物神殺しの神話は『古事記』のオホゲツヒメ殺しである。ここではスサノオが殺し手で、ヒメに食を乞うたとき、ヒメが鼻、口、尻などから食物を出してもてなそうとしたので、「けがらわしい」といって怒り、切り殺すのである。ここではカミムスビがこれらを取って種子としている。

このタイプの話は、A・イエンゼンらのいう「ハイヌウェレ Hainuwele 型」に属する。

この名は、インドネシアのセラム島の神話に出てくる「神の少女」に由来する。この話の筋は、原古の時代にココ椰子《やし》の木から生まれたこの少女が、祭りの夜生き埋めにされて殺され、さらに体を切りきざまれ、それぞれの断片を埋められたが、その体の各部からいろいろなイモ類がでてきたという話である。

これがイモの起源神話であることは明らかであるが、類似の食用植物の神が殺され、その死体の各部から、イモ、バナナなどの果樹などが生えるという神話は、このウエマーレ族のほかにも、ニューギニアのマリンド・アニム族とかキワイ族とか、そのほかにもイモや果樹を栽培する「古栽培民」に広く見出されるという。そして、この殺される神は、しばしば月と同一神とされるか、これと結びついているという。原古の神の殺害により、食用植物の栽培が始まったとする、アニミスティックな信仰に、月の信仰が結びついたかたちである。ツクヨミのウケモチ殺しには、その思想がある。

オホゲツヒメより古いかたちだ。

ただウケモチ、オホゲツヒメ殺しは、両者ともイモは出てこないで、五穀の発生がある。

大林太良は、日本でこの型を、南方から直接に入ったとはせず、中国南部の焼畑耕作民の文化、いわゆる照葉樹林文化にこの直接の源流を求めるべきであるとし、とくに粟の栽培に伴って語られたのであろうと推定している。オホゲツヒメの崇拝は古く阿波国が母胎だったらしい。その地は元来「粟《あわ》」の栽培地帯であったらしいからであるという。

南中国との結びつきはたしかに可能性があるが、この神話はまた一面に不思議と朝鮮語との結びつきがある。中島利一郎、金沢庄三郎、田蒙秀などの言語学者は、ウケモチ神話の体の各部の名称とその生《な》り出た五穀、牛馬などの名称とが、朝鮮語でそれぞれ酷似した発音で呼ばれていること、たとえば目と蚕、頭と馬、陰部と麦とがそれぞれ似た発音であることから、この神話を日本と朝鮮の言語遊戯上の産物としている。

22

ツクヨミと「月の若水」

月神がもたらす若返りの水

『万葉集』巻十三の、「天橋も　長くもがも……月よみの　持たる変若水《をち》　い取り来て……」の歌には、月神ツクヨミが若返りの水をもたらすという信仰がうかがわれる。

月と不老不死や回春と結びつけることは、広い世界的な信仰なのである。月の盈虚《みちかけ》は、原始人にとって、その生と死の反復だと考えられ、往々不死や復活、回春などに結びつけられ、また「死の起源」の神話とも結びつけられた。アフリカのホッテントットなどの伝承に、昔、月が人間に不死の恵みを授けようと、兎《うさぎ》を遣わし、「わしのように死んでも復活し、生き永らえよ」という神勅を与えようとしたが、兎のそこつのため、誤った命令を伝え、爾来人間は死ぬことになったと語られ、そうした類話は、広く物語られる。南太平洋のフィージーでは、月と鼠《ねずみ》というかたちとなっている。

月の不死と人間の死の由来を語る説話のほかに、もうひとつ蛇の脱皮をその回春《わかがえり》とみ、これと人間の死の起源を結びつける話が、広く語られているが、この二種の系統の伝承が結びつくと、月・蛇・不死・復活などの複合的モチーフが生まれる。月神が人間たちに不死の恵みを与えようとして、ある使者にこれを託したところ、蛇が横あいから出て来て、この特権を奪う。おかげで、人間は死ぬことになるが、蛇はときどき脱皮して、生き長らえるというのである。

ニコライ・ネフスキーという言語学者は日本に滞在中、沖縄の昔話に、この型の説話があるのを見出し、紹介した。宮古島の昔話で、この使者の男の名はアカリヤザガマといい、若水と死水とをふたつの桶に入れて、人間に若水、動物に死水を、浴びせよという、月神の命令をもって出かけるが、途中で蛇のために桶の若水をこぼされ、人間も動物も等しく、死水だけを授けられ、死ぬことになる。蛇だけは若返りの特権を得て脱皮する。アカリヤザガマは罰として、永久に月の中で桶をかついで立つことになる。月の影はこれだ。このことから、毎年節祭《シツ》の前夜に若水が空からもたらされ、井戸からその若水を汲むという行事がおこなわれるようになったと伝える。

この伝承は、古代の「月よみの変若《をち》水」の信仰とともに、日本本土の正月行事としての若水を汲む行事の本源的意味を推察せしめる。

石田英一郎は、この日本・沖縄の「月の若水」という伝承と、欧亜に広い、月の陰影を「水を汲む男ないし女」と見る伝承とを関係させ、その水の原義を、若水であろう考えた。

しかし、わたしは、この「月の若水」という伝承は、日本の周辺としてはポリネシアだけで、ほかにはみられないこと、欧亜に広い「月の水汲人」の伝承は、そのほとんどが「何かの罪のために水を汲ませられている」話ばかりであることに注目し、「月の若水」という信仰自体が、「月の不死」の信仰と、月を雨露の恵み手だとする欧亜大陸の信仰との結合であること、日本とポリネシアの「月の若水」の信仰の一致は、南アジアが源泉であると思われることなどを推定した。

23 ツクヨミを祀った人たち

農民・卜部氏・海人族

　ツクヨミのヨミという語は、農耕の折目としての暦日を数える「読む」という語と結びついている。『万葉集』に「月日を読みて」とか「月読めば　いまだ冬なり」とか歌われるように、ツクヨミは、暦を数えることである。この神は、農事や暦法の管掌者として農民にまつられたらしい。現存民俗でも、八月（旧）十五夜の月見の行事は、農村では稲の穂かけの行事や、芋名月といい、芋を供える行事と結びついている。『山城国風土記』逸文では、ツクヨミがウケモチを訪ねたとき、神聖な桂の樹に降り立った。そこで土地を桂の里（京都市西京区桂）と名づけたと伝える。月と桂との結びつきは、中国の神仙思想でも知られる。ふきんの渡来系農民の伝承であろう。

　この桂の里に降り立ったというツクヨミは、じつは同じ山城国葛野郡の式内社月読神社の祭神であった。現在は松尾大社の南にある月読神社がこれである。この辺一帯は朝鮮半島からの渡来人の子孫であった秦氏の根拠地であった。

このツクヨミが大陸的色彩があるのは当然であるが、この社の成立の由来については、『日本書紀』顕宗天皇三年の記事に語られている。阿閉臣事代《あべのおみことしろ》という人物が任那《みまな》に赴いたとき、この神が人に憑《の》り移って、事代に神託を授け、自分の神地を定めてくれと言った。そこで事代は都に還り朝廷に奏上し、山城葛野《かどの》郡の歌荒樔田《うたあらすだ》の地がこの神に献上され、壱岐県主《いきのあがたぬし》らの祖先の押見宿禰《おしみのすくね》がこれをまつったという。壱岐県主というのは壱岐出身の豪族で、宮廷の亀卜《きぼく》を扱う卜部《うらべ》を出す家であった。

したがって、この山城のツクヨミ社は、もと亀卜の神であったということになる。亀卜はもともと壱岐・対馬を通じて、渡来人が大陸からもたらしたもので、亀の甲を焼いて吉凶を占う。

壱岐の卜部の奉じた月神は、『延喜式』にみえる、壱岐国壱岐郡の月読神社がその本社であった。現在国分村にある。もとはツクヨミという名ではなかったらしい。『先代旧事本紀』では、壱岐県主らの祖神として、天月神命《あめのつきみたまのみこと》があげられている。『延喜式』には、丹波桑田郡小川月神社、出羽飽海郡月山神社などが、記され、別系の月神もまつられていたらしいが、また『三代実録』では、出雲の女月神《めつきのかみ》というのが、位を授けられている。女性の月神である。

ツクヨミは農事ばかりでなくじつは海や船とも結びついていた。月の船に乗る月人《つきひと》壮士《をとこ》という表現は『万葉集』にも見られるが、また『日本書紀』の一書では、この神が父神イザナキから滄海原を治めよと命じられたという。伊勢には月神の社が多く、多気郡の式内魚海《うおみ》神社（今の飯野郡魚見村）はツクヨミと海神トヨタマヒコを祭神とし、社殿は船の形だと伝えられる。内・外宮のそれぞれ別宮としてのツクヨミノ宮二社もある。これらはもとその地の海人《あま》族の信仰であったのだろう。

24 星の神話

日本に少ないわけ

日本神話には、星の神話はすくない。『日本書紀』の天孫降臨の神話のなかで、星の神カガセオがただひとり天の神の命に従わないので、倭文《しどり》の神タケハツチが、これを討ち従えたといい、また別の一伝では、フツヌシとタケミカヅチの二神が、悪神アマツミカボシ、一名アメノカガセオを誅殺《ちゅうさつ》したという。

『旧事本紀』に、物部氏の祖ニギハヤヒに供奉《ぐぶ》して天降った神のひとりに、天《あめ》の赤星《あかぼし》がある。また『皇太神宮儀式帳』に、天須婆留女命《あめのすばるめのみこと》、また須麻留女神《すまるめのかみ》という女神の名が見えるが、おそらくスバル星の女神であろう。

中国の牽牛織女の神話は、渡来人を通じて貴族や民間にも普及し、乞巧奠《きっこうてん》（七夕《たなばた》祭《まつり》）の行事とともにおこなわれ、『万葉集』にも歌われているが、記紀の神話には、出てこない。羽衣を取りかえしに天に帰った天女を追って夫が天に昇り、ふたりは星となるという、「犬飼七夕」の昔話などは、瓜栽培をおこなった渡来系農民に古くから語られていたらしいが、上代の古典には見えない。

古代の日本人は星に対してあまり関心がなかったのであろうか。ギリシャ・ローマの神話と星とのひんぱんな結びつきと対照して、顕著な相違であるように見える。

この理由はふたつある。

ひとつは記紀の神話編成者である大和朝廷の貴族たちの関心が国家統治にあったから、二、三あった星辰神話などは採り上げなかったということである。

他のひとつは、天文学・占星術の知識による星への関心が、まだ日本には十分ではなかったことである。世界を広くながめると、星や星座の神話が盛んなところには、天文学が盛んなのである。

星の神話がすくないのは、何も日本だけではない。アフリカ、濠州、ニューギニア、メラネシアなど、未開民族には星の神話はすくない。ネイティブ・アメリカンやポリネシア人などでは、二、三の星になった人物の神話が語られるが、それも宵《よい》と暁の明星とか、オリオン座の三つ星とか、スバル星とか、北極星とかのような、特別に顕著な印象を与える星、あるいは遊牧・漁撈などの生活で方角を決める星などに限られる。

古代エジプト、シュメール、北欧などの神話にも星はすくない。

ギリシャ・ローマの世界でも、星と神との密接な結びつきは、ヘレニズム文化以後のものである。古いホメロスやヘシオドスの叙事詩には、星はほとんど出てこない。前四世紀のアレクサンダー大王のアジア遠征に伴う東西の文化交流により、バビロニアの天文学・星辰学が伝わり、天の黄道、十二宮、五惑星などの知識が、ギリシャの神話を新しく彩《いろど》った。水星をヘルメス、金星をアフロディテ、火星をアレス、などと、五惑星が神の名で呼ばれ、いろいろな星座に神や英雄が結びつけられた。バビロニアの星辰学、黄道十二宮などの知識は、やがてインド、中国にも伝わり、七曜、九曜、二十八宿などの信仰や呪法を生んだ。

日本神話は、まだそうした天文学・占星術的な信仰文化の洗礼を受けていない。七世紀初め大陸から暦法、天文遁甲の書が輸入されてから貴賤上下の人びとが星辰に関心をもつようになったのである。北辰（北極星または北斗七星を神化し、造化の三神をあてる）・妙見（北斗七星を神化した菩薩）などの信仰は平安以後に盛んとなるのである。

第3章

天孫降臨と古代王朝の謎

25 天孫降臨神話1

よく似ている朝鮮建国神話

天孫降臨神話が、朝鮮の『三国遺事』の檀君《だんくん》神話や、同書の「駕洛国記《からくこくき》」に見える首露王の建国神話と酷似していることは、従来しばしば指摘されたところである。

『古事記』では、アマテラスと高木大神《たかぎおおかみ》（タカミムスビ）とが、アマテラスの御子のオシホミミを地上に遣わし、国土を治めさせようとするが、オシホミミの子のホノニニギが生まれたので、この皇孫が天降ることになる。神勅とともに三種の神器が授けられ、中臣、忌部、猿女、玉作、鏡作の五部の伴造《とものみやつこ》の祖神、アメノコヤネ、フトダマ、ウズメ、タマノヤ、イシコリドメの五伴緒神《いつとものおのかみ》がこれに随伴し、日向の高千穂のクシフル峯に天降ったという。

檀君神話では、天帝がその子の桓雄《かんゆう》に三符印という宝を持たせ、三人の風雨の神と三千の部下を伴に、太白山の山頂の檀という樹のかたわらに降下させ、その子が朝鮮を開いたという。

こうした建国の祖の神人が山上に降臨するというタイプの王朝神話は、朝鮮ではほかにもいろいろと語られている。『三国遺事』に見える、辰韓の始祖の神人が瓢嵓峯《ひょうがんほう》などのいくつかの峯に天降ったという伝説も、そうした山上降臨型である。

天孫降臨神話と、これら朝鮮の王朝神話との類似は、これだけにとどまらない。もっとこまかい内容や言語上の一致までみられる。

高千穂のクシフル峯のクシフルが、加羅の亀旨《クイムル》に通じること、またその峰が一伝にソホリとも呼ばれ(日本書紀の一書)、これが朝鮮語の「都」を表わす「徐伐《ソフル》、所夫里《ソフリ》 Sŏpŏr, Sopur, Sapur, Seoul」と通じること、また五伴緒は、『旧事本紀』に見える、物部氏の五つの造《みやつこ》の率いる二十五の天つ物部というような神話とともに、古代の五を単位とする軍隊組織の存在を察知させること、など、岡正雄が指摘したとおりであろう。

岡は、この日本上代の五部の組織は、古朝鮮の五部組織に由来すると述べている。高句麗の支配族は、消奴部、絶奴部以下の五族に分れていたし、また、百済の郡城所《ソ》夫里《フリ》(泗沘《しひ》)は、上、前、中、下、後の五部に分かれ、各部は五つの地域に区画され、おのおの五千の兵を有した。岡はこの五組織が、アルタイ系遊牧民の社会組織・軍隊組織にもみられるという。

こうしてみると、天孫降臨神話が、これら朝鮮系の王朝神話の影響下に成立したことは、疑うことはできないだろう。

高木神という名は、檀君の檀が木の名であることとも一致し、こうしたモチーフの神話は、山や樹に神霊が降臨するという、北アジア系の信仰文化の所産であろうと、岡はいい、この伝承は、北方系の天神タカミムスビを奉じるツングース系支配種族が、五部組織をもち、朝鮮半島から日本列島にもちこんだものであると主張した。これに対して、先住の農耕民は、母神アマテラスを奉じる東南アジア系の種族であり、日本の神話にアマテラスとタカミムスビの二神の併立がみられるのは、両種族の混融の結果であるというのである。

26

騎馬民族説

問題点はなにか

岡正雄がそうしたツングース系王侯種族による日本列島の征服・支配、およびそのもちこんだ王朝の始祖伝承、という仮説を公的に初めて打ち出したのは、昭和二十三年の石田英一郎の司会による、江上波夫、八幡一郎両氏とのシンポジウムのさいであった。

このとき江上波夫が岡の民族学的仮説と呼応して、有名な騎馬民族説を発表し、四世紀前半ごろ、大陸北方系騎馬民族が、南朝鮮を征服支配し、さらにここを飛石として日本列島に侵入し、先住の倭人の国を征服、大和朝廷およびそれをめぐる貴族らの連合体となったという説をたて、学界に衝動を与えたのである。

その後江上は、多少の修正を加え、最初南朝鮮から北九州に侵攻したのは、崇神天皇で、のちに応神天皇がそこから畿内に進出したと述べたのである。

これらの所説は、大和朝廷の起源を、ツングース系の征服種族となし、その宗教理念が、神話伝承に反映しているということを説くにあるのである。ことに岡の天孫降臨神話即朝鮮系王朝神話説、ならびにタカミムスビ・アマテラスの二元観の説明としての二種族混融説は、松村武雄、大林太良、吉田敦彦などの諸氏の立論の根拠となった。

しかし、ここでいささか問題点がある。もしこの説のとおりに、タカミムスビは北方系の天神で皇室の本来の祖神であり、その孫のホノニニギが率いる五伴緒は五組織の長であり、その降臨する山がソホリとかクシフルなどの朝鮮語系統の名であるとしても、それがそのまま北方系種族の渡来に結びつくかどうかということである。いいかえれば、大和朝廷が国家的な政策で、外来のこうした王朝神話を取り入れたとか、または大和朝廷の古い始祖神話に手を入れてこんな形の神話にしたてあげたという可能性はないのかということである。

事実、この神話のいくつかの異伝を調べると、この立論とはかなり食い違う面が出てくる。

タカミムスビと五部神との結びつきが本来のものなら、このタカミムスビの登場するすべての降臨神話にそのつながりが出てくるはずであるが、この神話のもっとも素朴な形である『日本書紀』の本文およびその一書の四および五の伝承では、タカミムスビが生まれたばかりの嬰児ホノニニギを、真床追衾《まどこおうふすま》に包んで、群神も神器も伴わず、ひとりで天降らせている。アマテラスも五部神も出てこない。

五部神の登場は、『古事記』と、アマテラスのみの出てくる『書紀』の一書の一の伝えだけで、ここでは三種の神器の数もそろい、天壌無窮《てんじょうむきゅう》の神勅も出されて、もっとも発達した形式の説話となっている。五部神は天石窟戸神話にも出できており、降臨神話でもいつもアマテラスに伴って出てくる。タカミムスビとの関係は薄い。いいかえれば、五部神はタカミムスビとホノニニギだけが登場する素朴なかたちには現われず、アマテラスが登場する高度な政治的神話にのみ登場するのである。

27 皇室の祖神

タカミムスビかアマテラスか

岡正雄は、タカミムスビが本来の皇室の祖神であり、その別名高木大神というのは、高い木の上に降臨する北方アジア系の天神であろうと説き、一方アマテラスは南方系の稲作と関係ある太陽女神であると述べている。天孫降臨の本来の司令者が、タカミムスビであったらしいことは、夙《つと》に三品彰英が指摘している（二五頁参照）。

『日本書紀』の本文とその一書の六とには、タカミムスビが孫のホノニニギを真床追衾という布団《ふとん》にくるんで、天降らせているというかたちである。一書の四では、これにアメノオシヒとオオクメとだけが随従している。タカミムスビにアマテラスが加わり、この指令を受けて天降ろうとするのが、最初のオシホミミで、のちにホノニニギにかわり、また随伴神も五部神やサルダビコその他の神々が登場し、神器の授与があるのは、一書の二、および一、および『古事記』の伝承である。

神勅が授けられるのは、一書の一と『古事記』だけである。皇室本来の神話として、タカミムスビが嬰児のホノニニギを遣わすかたちがあり、これにアマテラスとかオシホミミが加わり、五部神や神器、神勅などのモチーフが加わって、複雑化したのだということがわかる。

天石窟戸神話とアマテラスは密接な関係があることは明白であるが、このなかには五部神が登場し、神器も登場する。もっとも剣の製作が語られていないが、これは本来あったものが後世に削られたのであろうと、倉野憲司は推定しているから、これを加えると三種となる。三種の神器もタカミムスビとは関係ない。アマテラスにこそ結びついている。

またタカミムスビがホノニニギとつねに結びついているのに対して、アマテラスはオシホミミとつねに結びついている。オシホミミが鏡を授け、祭祀を命じたのはアマテラスであった。

こうしてみると、タカミムスビとホノニニギの素朴な降臨説話に、アマテラス、オシホミミ、五部神、神器、神勅という一連の複合的モチーフをもった、別系の説話群が、後世に入りこんで、現在のかたちとなったことがわかる。どうみてもアマテラスはよそ者である。

アマテラスが宮廷で古くまつられていたという証拠は何ひとつない。アマテラスに対する天皇の朝夕の礼拝や毎月の例供や、十二月の御神楽などは、いずれも平安時代中葉に始まったもので、古くは祭祀はなかった。

これに対し、タカミムスビは、神祇官の八神殿の主神として、宮廷内に古くからまつられていた。この八神は、タカミムスビ、カミムスビ、イクムスビ、タルムスビ、タマツメムスビ、ミケツカミ、オホミヤノメ、コトシロヌシで、天皇の寿命の守り神として、鎮魂祭や祈年祭、月次祭などにもまつられた。このタカミムスビが、皇室の本来の氏神であったとすることは、まず間違いあるまい。私は、このタカミムスビが本来生産神・農耕神であり、天皇家で古く稲の播種や収穫のときまつっていた神であろうと考えているのである。

28

大嘗祭

天孫降臨に表われた大嘗祭の思想

天孫降臨神話が天皇の即位初めの新嘗祭である大嘗祭と結びついていたことは、多くの学者の論じたところである。新嘗祭は古代の稲の収穫祭であり、神に感謝をささげるため、新穀で作った神饌《しんせん》と神酒《しんしゅ》を神に供え、また人びとも食する行事であったことは、本居宣長なども説いているところである。大嘗祭は、それを大がかりにしたものである。

大嘗祭には、天皇は大嘗宮《だいじょうぐう》という臨時に建てた仮殿《かりでん》(悠紀殿《ゆきでん》と主基《すき》殿の二殿からなる)の中の内陣で神をまつり、神膳が供せられたが、その神がなんの神であるかは、『大宝令』にも『延喜式』にも記されていない。

しかし、この神饌・神酒の材料になる稲の穂を採るために選ばれた、悠紀《ゆき》・主基《すき》の二国にある斎田《さいでん》、すなわち神聖な田のかたわらに、斎場《さいじょう》、すなわち神聖な祭りの場が設けられ、そこに素朴な黒木《くろき》作り(削らない木)で草葺《かやぶ》きの仮宮八神殿《かりみやはっしんでん》があり、そこにもタカミムスビがまつられていたことを知らねばならない。この八神殿は神祇官の常設の八神殿とはやや祭神も違っているものもあり、このほうは臨時のものであるが、タカミムスビのほかにミケツカミ、オホミヤノメ、コトシロヌシなどの共通な神もまつられていた。ミケツカミは稲の精霊《スピリット》、ほかの二神は斎女《さいじょ》と呪言《じゅごん》の神格化である。

この八神殿の中には、それぞれ粗末な竹の棚《たな》があり、その上に神のヨリシロとして神木が立てられていたらしい。この神殿の古い形は、おそらく生産の神タカミムスビ一神であって、その神のために神木（ヒモロギ）を田のかたわらに立て、その前に稲の穂を供え、祭りをおこなったのであろう。これは後世のフォークロアにみられる、田の水口《みなくち》に木の枝を立て、田の神をまつる作法と同じものである。

タカミムスビとは、本来田のかたわらに立てた神木に降臨する田の神なのである。決して遊牧民系の天神ではない。

ところで、天孫降臨神話には、その大嘗祭の思想が表われている。ホノニニギの名が稲の穂の赤らみ豊かなさまを表わすということは、宣長も説いた。タカチホは、斎田の稲穂が高く、千々《ちぢ》に稔るさまを表わすことは、武田祐吉も述べている。つまり、この神話は、稲の神霊が斎田の稲穂に降下するという思想を表わすのである。

『日本書紀』の一書の二では、タカミムスビが、中臣、忌部の祖神コヤネとフトダマとに、ヒモロギを持たせて、皇孫のために祭らせたと伝える。古くは、生産の神タカミムスビが人間のために稲霊《いなだま》の神を遣わし、稲の栽培を教え、また神木を立てて己れをまつることを教えたという神話なのであろう。

のちにいろいろな政治的潤色が加えられ、朝鮮の王朝神話の要素や、伊勢のアマテラスの伝承が加えられて、にぎにぎしい大王の降臨というかたちになったのであろう。

29

真床追衾1

北方系に見る即位儀礼の聖具か

嬰児のホノニニギを包んだ真床追衾《まどこおうふすま》とはいったいなんであろうか。

これは「寝台を覆う布団」を意味するらしいが、この寝具は、生まれたばかりの皇子を包むオクルミだったのだろうか。それにしても、ホノニニギはなぜ嬰児の形で降臨すると語られているのだろうか。

真床追衾については、神話では、三か所出てくる。すなわち、㈠ホノニニギの天孫降臨、㈡山幸彦ヒコホホデミ（ホオリ）が海神にもてなされるとき、㈢ヒコホホデミの妃のトヨタマヒメが、御子をなぎさに置き去りにするとき、の三つの場である。㈡は、『日本書紀』の一書の四の伝えに、ヒコホホデミが海神の宮に行ったとき、この真床追衾の上に寛坐したが、そのふるまいを海神が見て、天孫であることを知ったという。

㈢は、同じ一書の四に、トヨタマヒメが夫の背信を怨《うら》んで、生まれた御子を真床追衾および草《かや》で包み、なぎさに置いて、海原に帰ってしまったという伝承である。

㈠と㈢とは、幼童神を包む布団という共通性をもつ。㈡はこれにこもるか坐ることが、天神の孫であることを立証するという筋で、この寝具が神もしくは神の子の用いるものであることを表わしている。

折口信夫が、この真床追衾について、これを物忌のためにかぶる具で、外気をさけてこれをかぶっていると、中身が変わるという信仰に基づき、天皇が聖化のために使用したものであるとし、大嘗祭の神座の御衾がこれに当たるものとしたことは、よく知られている。大嘗宮のふたつの仮殿、悠紀殿《ゆきでん》と主基殿《すきでん》の、それぞれ内陣の中央には、八重畳《やえだたみ》が敷かれ、これに坂枕《さかまくら》と御衾が敷かれ、これが神座（寝座ともいう）とされた。

これに接してその東側に短畳が東向き、ないし東南向きに敷かれ、天皇の御座とされた。卯日の神事において、天皇は神と共食し、この御衾にこもり、神と一体となったものらしい。これにこもることは、神聖な明《あき》つ神として復活するためであったとされるのである。

ホノニニギが幼童神として降臨するというのは、若々しい穀神の誕生を表わし、この御衾にこもる天皇がこれを体現していることを表わしている。

護雅夫は、この真床追衾を、加羅国の首露王が包まれて天降った紅い幅《きれ》、その上のシトネと比較し、さらにシベリアのシャマニズムで、新しくシャマンになるものが一枚のフェルトに乗せられてかつぎまわられることや、突厥《とっけつ》の王やキルギースの首長らが即位式のとき、フェルトに乗せられることなど比較し、ともに神霊の降臨の具であり、人間から神霊へ転化するための聖なる場であって、騎馬民族国家の即位儀礼の聖具であろうと推定しており、江上波夫、大林太良も、これを推し進めている。

30 真床追衾2

南アジアに見る聖婚の神床か

ところで、国王や首長が即位式などの王権祭式で、毛皮とか毛氈とか布とかをかぶり、それによって神霊との交融を表わすとか、また再誕を表わすというような事例は、必ずしもシベリアや蒙古・突厥などの北方ばかりでなく、もっと広く世界におこなわれたし、また南アジアでもおこなわれた。

古代インドのバラモンがおこなっていた半月ごとの供犠祭は、神とバラモンの冥合をはかるためのものであるが、ここでは、受戒者は胎児の形をとり、子宮を表わす小屋にこもり、羊膜を表わす上衣と毛皮をかぶって、生まれかわる擬態をおこなった。古代インドの国王の神威《カリスマ》の更新祭式である、ラージャースーヤー祭においても、バラモンが王に、羊膜と胞衣を象徴する外被をかぶせ、再誕を表わした。古代チャンパ王国やタイ国王の即位式でも、類似の外被が用いられている。エリアーデなどは、こうした儀礼を、「子宮への回帰式」と呼んでいる。王侯や司祭などの聖化のための儀礼なのである。

また八重畳を敷き、王の座席とし、あるいは寝床とするふうは、マレイ半島やジャワの王座も、かつてはそうであって、マットをいくえにも重ね、枕を置いた。これは同時に「新婚の床《とこ》」でもあったらしい。新郎・新婦の婚儀が、王と王妃になぞらえられたものであるとする風習は、世界的に広い。本来、この寝床自体も、王と王妃の聖婚の床であったのかもしれない。

日本の大嘗祭の神床《かみどこ》も、折口信夫の説いたような、「再誕ないし復活のための物忌」を目的とするという解釈以外にも、いろいろな解釈がなされている。私が、かつて論じた「聖婚の神床」説も、そのひとつである。古代近東の王権祭式には、神の聖婚儀が秘儀的におこなわれ、王と王妃もしくは巫女がこれを演じ、祭場には神床がつきものであった。

大嘗・新嘗祭にも、古くは一種の聖婚がおこなわれたふしがある。その縁起譚だった天孫降臨の神話でも、ホノニニギは、コノハナノサクヤビメ、一名カムアタツヒメと結婚している。また海幸、山幸神話で、天孫ホヲリ（ヒコホホデミ）は、真床追衾の上に坐り、海神の饗応を受け、トヨタマヒメと結婚している。

こうした「神の聖婚」は、本来農耕呪術であり、大地に豊饒をもたらすための聖劇であった。後世のフォークロアでも、神社の春田打《はるたうち》、御田祭《おんださい》、御田植祭、田遊びなどの神事で、翁《おきな》と媼《おうな》の共寝の所作がおこなわれている。

こうした農耕呪術としての解釈は、大嘗祭の原始的意義を明らかにするものである。『万葉集』や『常陸風土記』などにも記されているように、民間でも収穫祭として新嘗祭がおこなわれ、家々では、男たちが外に出はらい、家刀自《いえとじ》だけが家にこもって神を迎えたらしい。このさい神と、この斎女との神婚がおこなわれたらしいことは想像にかたくない。

31 真床追衾3

稲作民族の稲魂を迎えるシトネか

記紀の天若日子《あめわかひこ》の神話で、若日子《わかひこ》が新嘗の祭の神床に寝ているとき、タカミムスビにより下界に投げ返された「返し矢」が胸にささって死ぬのであるが、これをみても、民間の新嘗祭でも、そうした神床（たぶん何枚も、ふとんや畳を敷いたもの）が設けられたことが、察せられる。

では、このような寝床が、稲の収穫祭で設けられるふうは、近隣の民族ではないであろうか。じつは、マレイやインドネシアなどの、東南アジアの稲作民族の収穫祭では、布団《ふとん》や枕などが設けられ、稲魂《いなだま》を迎えるふうが広くおこなわれているのである。W・スキートが報告したマレイ半島のセランゴール地方の収穫儀礼では、巫女が五人の女を伴い籠をもって田に出かけ、田にあらかじめ定めておいた稲束（イネの母と呼ばれる）から、「稲の嬰児」と呼ばれる、稲魂の宿る七本の稲の穂を切り取り、籠に入れ、注意ぶかく天蓋のように覆いで包み、家に持って帰る。家では主婦がこれを迎え、寝室に伴い、ここに敷いてある寝具用のござと枕の上に、この「稲の嬰児」を置き、白布をかける。それから三日間主婦は産褥《さんじょく》のタブーに服する。三日ののち、新米で人びとは新嘗の会食をするのである。ここではシトネは産褥《さんじょく》の床である。

日本の稲の刈上祭にも、男女二体が迎えられると考えられたこともある。古代の新嘗の遺風と見なされる能登のアエノコトでは、家の主人が裃《かみしも》を着けて田に行き、田の神を迎えて来、これを風呂に入れたり、饗応したりするのであるが、多くの場合、二俵の籾《もみ》俵もしくは穂つきの稲二束を、ヨリシロとして、男女二体の神の座を設け、膳《ぜん》も別々に供える。これに二股《ふたまた》大根を供えるのも特色のひとつであるが、堀一郎は、これをもって「田の神の婚姻、新生を暗示する呪術的意図が、象徴されている」と説いている。インドネシアの「稲の新婚儀」と共通な思想が感じとられる。

戦後、柳田國男が、「稲の産屋」その他いくつかの論考で、日本でも穀母・穀霊や、穀童の誕生の信仰の存在を推定し、新嘗・大嘗祭の古い意味を探ろうとしたことは、その後の研究に対する大きな示唆となった。

三品彰英は、マレイの収穫祭における「稲の誕生」の信仰と大嘗祭の諸儀礼を比較し、さらに柳田の理論をも援用して、両者に共通の信仰母胎を見出そうとした。これは正しい。

ホノニニギが稲魂の神格化であることは、すでに述べた。『日向風土記』逸文では、イナトミをふりまいたところ、天地が明るくなったという神話が語られている。ホノニニギが、真床追衾に包まれる姿は、稲魂がシトネにくるまって眠る状態の神話的表現なのであろう。これは南方的なものである。

32 天孫降臨神話2

ふたつの神話のつなぎ合わせか

天孫降臨の神話で、いかにも不思議なことは、皇祖神は、その御子のオシホミミを降そうとしたとき、皇孫ホノニニギが生まれたので、急に初めの計画を中止し、孫のホノニニギを降すという一条である。

『日本書紀』の一書によると、オシホミミは降る途中、天浮橋から下界を臨み、これからわざわざ引き返すのである。こんなことまでして、生まれたばかりの嬰児を、大急ぎで遣わさねばならなかった理由は、なぜであろうか。

これについては、私の答えは簡単である。それは、現在のかたちのこの神話は、もともとまったく異なるふたつの系統の天降り伝承が、政治的意図により結び合わせられ、ひとつの説話となったからであるとするのである。すなわちひとつは、アマテラスと御子オシホミミの伝承であり、もうひとつは、タカミムスビとその子のホノニニギの伝承なのである。

そうして、前者は伊勢神宮に結びつく伝承であり、後者は宮廷固有の伝承である。タカミムスビとホノニニギの伝承は、その素朴なかたちが、『日本書紀』の本文にあることは、これが朝廷公認の伝承であったことを示している。これが宮廷の大嘗祭と結びつく、「稲魂の誕生の神話」であったらしいことは、前に述べたところである。

これに対し、アマテラスとオシホミミの伝承は、天の石窟の神話と結びつく、一連の伝承で、これは伊勢の祭式と関係があろうと思われる。天石窟戸の神話も、『日本書紀』の一書の伝えに、アメノコヤネが呪詞《のりと》を奏したとき、日神が磐戸を開けて出て来たが、このとき、鏡を石窟に入れたところ、戸に触れて瑕《きず》がついた。「これすなわち伊勢に崇秘《いつきまつ》る大神なり」と記し、いかにも伊勢神宮の伝えらしい特色を残している。

天孫降臨神話も、その登場する神々を点検するなら、伊勢にゆかりのある神がすくなくないことが、直木孝次郎や、直木紀元によって指摘されている。

天孫降臨に随従の神のなかに、伊勢内宮の相殿の神であるタチカラオや、外宮の祭神であるトヨウケ、また天孫を出迎える伊勢の神サルダビコがいることなどは、これを示している。アメノウズメも、もと伊勢・志摩方面の海人族の奉じる神であった。彼女が魚類を集め、皇孫に対する恭順を誓わせ、またこの後裔の猿女君《さるめのきみ》が、志摩の海産物の貢納にあずかることになったという話や、彼女がサルダビコを伊勢の五十鈴川の川上まで送ったという話などは、みな伊勢の伝承であったことを示している。

　日向の山に降臨したはずの天孫が、伊勢に関係ある神々を従えたり、五十鈴川の名が出てくるのも不思議にみえるが、もともと伊勢地方にあった天降り伝承が、これに混入しているためと解すれば、謎はとける。

33 サルダビコ

伊勢の古い太陽神か性神か

　天孫降臨神話での人気者は、サルダビコである。この神は顔が赤く、鼻が長大で、異様な姿の神であったにかかわらず、不思議なことに「大神」と呼ばれていた。この神がアメノヤチマタにおいて、「上は高天原を照らし、下は葦原中国《あしわらのなかつくに》をてらす神」（記）と語られ、また「口尻《くちしり》明く輝《て》り、眼は八咫鏡のごとくして、絶然《かがやけ》ること、赤かがち（ホオズキ）に似たり」（紀）と語られているのをみると、もともと原始的な太陽神であったと思われる。この神は、伊勢・志摩地方の海人の奉じてきた男性の太陽神であろう。

　この神が、アメノウズメに送られて伊勢の狭長田《さながた》五十鈴川の上《ほとり》に行ったといい（紀）、また伊勢のアザカの海岸で漁をしたとき、比良夫貝《ひらぶがい》に手をはさまれて海に沈み溺《おぼ》れ、底どく御魂《みたま》、粒《つぶ》立つ御魂、泡《あわ》咲く御魂という、三種の海の神霊が出現するという話（記）は、みなこの神と伊勢の関係を示している。

サルダビコには、猿の神としての要素もあることは確かである。インドネシアのボルネオやサンギルなどに、猿が、ひるねをして口を開けている蛤《はまぐり》に、手を入れて食おうとし、手を挟まれ、引き抜こうとすると、ちぎれた、という昔話がある。奄美大島でも、顔が赤く、毛の生えた、猿に似た怪物ケンモンが、魚や貝を採りあさり、口をあけているギブ貝を見て、手を出し、手を挟まれ、引き抜こうとしたら、手がちぎれたという話がある。

しかし、この猿神としての要素も、その日神的内性とは矛盾しない。猿は、古代日本人にとって、太陽神に関係ある動物であった。日吉山王権現（滋賀県日吉大社）は、一面に太陽神的内性を有する神であるが、その使者は猿であった。

またこのサルダビコは、一面に道祖神、性神としての要素ももっている。アメノヤチマタにいて、天孫を出迎えることや、この神がしばしば「衢《ちまた》の神」（紀）と呼ばれていることは、村のはずれ、道の辻などに旅人の安全を守るため設けられたサイノカミ、道祖神の姿を連想させる。道祖神は、しばしば陰陽石と結びつき、男女交合の形で表わされ、性的儀礼が伴ったりする。

サルダビコの長大な鼻は、リンガの変形である。実際に、後世のフォークロアでも、このサルダビコを表わすとされる天狗の鼻には、はっきりとリンガの形を具えたものがすくなくない。

サルダビコの前で、艶然と媚態《びたい》を示し、裸身を露《あらわ》にしたウズメの行為（紀）は、天石窟の前で、演じた所作《しょさ》と正に同じであるが、そうした性神の前で演じた、実際の巫女たちの儀礼的行為の反映なのであろう。

記紀では、ウズメはこの神の名を顕《あら》わしたので、名を取って猨女君《さるめのきみ》と呼ぶことになったと伝える。これは、この氏族が、伊勢土着の古い太陽神・性神サルダビコを奉じ、その神妻《かみづま》として性的儀礼を演じる斎女《さいじょ》を出す家であったことを示している。

34 三種の神器

はじめから三種だったのか

三種の神器とは、もちろん天皇の位の璽《しるし》としての宝物で、八咫鏡《やたのかがみ》、草薙剣《くさなぎのたち》、八坂瓊《やさかにの》曲玉《まがたま》の三種である。

その名は、『日本書紀』の天孫降臨章の一書の伝えに出てくるのが初見である。これによると、皇孫ホノニニギは、アマテラスからこれを授かり、天降ったという。『古事記』にも、同様な神話が語られる。それぞれの出自の由来については、鏡は天《あめの》石窟《いわや》の神話で、イシコリドメが造り、曲玉はタマノヤが造り、石窟の前に立てた榊にかけて祭ったという。剣は、八岐大蛇《やまたのおろち》の尾から出たものと語られる。

このなかの鏡と剣とは、『古語拾遺』によると、崇神朝に宮廷外に移されたとき、別に新しく鏡と剣とを造り、宮中に置き、これを即位のしるしとしたという。三種の神器は、最初から三種であったようにみえるが、文献をよく見ると、必ずしもそうとはいえないふしがある。

『神祇令』や『延喜式』などを見ると、天皇の即位の大儀に、忌部が「神璽《しんじ》の鏡剣」を奉じることが記されている。ここで神璽とは、曲玉のことではなく、「天皇の位のしるし」の意味であり、『令義解』や『令集解』では、鏡と剣の二種をさすと、説明している。

『日本書紀』の持統紀でも、持統女帝は、即位にさいし、忌部色夫知《いむべのしこふち》が「神璽《しんじ》の剣、鏡」を奉ったと記される。『古語拾遺』では、この鏡剣の二種が天つ璽《しるし》であり、矛と玉とは自ら従うと記されている。つまり即位のしるしは、鏡剣の二種だと明記し、ほかに出自不明の矛と玉とを従属的な宝物としてあげている。

こうした文献によれば、即位儀礼に用いられたのは、鏡と剣の二種だけで、玉は用いられたとは思えないのである。江戸時代の伊勢貞丈が、三種の神器は、もとは鏡と剣の二種であったと主張したのも、そうした根拠からであった。大嘗祭のときの忌部の神璽奉呈は、『北山抄』によると、天長年間（九世紀前半）以後は絶えたという。忌部氏が衰えたことによるのであろう。しかし、『続日本後紀』以下国史の記録によると、平安時代以後は、天皇の崩後、新帝が神璽（ここでは曲玉のこと）および宝剣、大刀契《だいとけい》（百済国から献上されたという剣と割符）などの他の宝物類をも、まとめて受け継ぐ儀礼がおこなわれた。ここでは鏡は用いられなかった。鏡はアマテラスの御魂代《みたましろ》

天孫降臨の各異伝比較表（三品彰英氏による）

要素＼異伝	書紀本文	第六の一書	第四の一書	第二の一書	古事記	書紀第一の一書
降臨を司令する神	タカミムスヒノ神	タカミムスヒノ神	タカヒムスヒノ神	タカミムスヒノ神、アマテラス大神	タカギノ神、アマテラス大神	アマテラス大神
司令を受けて降臨する神	ニニギノミコト	ニニギノミコト	ニニギノミコト	アマノオシホミミノミコト、後にニニギノミコトに代る	アメノオシホミミノミコト、後にニニギノミコトに代る	アマノオシホミミノミコト、後にニニギノミコトに代る
降臨の際の容姿	真床追衾で覆われた姿	真床追衾で覆われた姿	真床追衾で覆われた姿	降臨する際虚空において出誕	降臨間際に出誕したが、その容姿には特別の記載なし	降臨間際に出誕したが、その容姿には特別の記載なし
降臨地	日向ノ襲ノ高千穂ノ峰	日向ノ襲ノ高千穂ノ添ノ山峰	日向ノ襲ノ高千穂ノ槵日ノ二上ノ峰	日向ノ槵日ノ高千穂ノ峰	日向ノ高千穂ノ久士布流多気	日向ノ高千穂ノ槵触ノ峰
随伴する神々			アメノオシヒノミコト、アメクシツノオホクメ	アメノコヤネノミコト、フトタマノミコト、諸部神	五伴緒（神名略）、トコヨノオモヒカネノ神、タヂカラヲノ神、アメノイハトワケノ神、トユウケノ神、サルタヒコノ神、アメノオシヒノミコト、アマツクメノミコト	五部神（神名略）、サルタヒコノ大神
神器の授与				神鏡の授与と神鏡に関する神勅	三種神器の授与と神鏡に関する神勅	三種神器の授与
統治の神勅					水穂ノ国統治の神勅	天壌無窮の神勅

としての伊勢神宮の神体とも同等のものとされ、宇多天皇の頃から宮中の温明殿にまつられ、内侍所とも称され、特別な祭祀を亨《う》けるようになったから、践祚・即位には用いられなくなったものらしい。事実上、天徳以後のたびたびの火炎で、この神鏡はかなり焼け損じて、儀礼に用いるに堪えられるものではなかった。天皇は平安以後は、つねに身辺に剣と曲玉とは持っていたわけである。景行紀や仲哀紀には、地方の土豪が榊に鏡、剣、玉の三種をかけ、天皇を迎えている説明が多い。弥生時代の首長の墓には、鏡、剣、玉の三種がしばしば副葬されている。古くは祭りにそうした三種の宝が用いられたのであろう。

第4章

出雲とスサノオの謎

35 出雲神話1

秘められた五つの謎

記紀の神話のなかで、スサノオやオオナムチなどの神々が、出雲を舞台として活躍する部分を、一般に出雲神話という。

その部分は、『古事記』では、神代の巻の全体の三分の一くらいもの大きなスペースがさかれている。またこれらの主人公のスサノオやオオナムチも、たんなる一地方神というふうには画かれていない。

スサノオはイザナキの三貴子のひとりとして、皇祖神アマテラスの弟とされ、その行動は天地をゆるがし、日神を畏怖させ、石窟に隠れさせたほどである。またそのあとを継いで葦原中国《あしはらのなかつくに》を支配したオオナムチは、たんに出雲一国の神ではなく、日本全土の支配者として語られ、文字どおり全国的なスケールの、国つ神の総帥であった。

この神の隠退は、この一族と天つ神の代表との間の画期的な交渉の結果の国譲りによるものであった。

スサノオの出雲下りからオオナムチの国譲りまでの、この出雲神話の筋をみると、出雲には大和朝廷創立以前から古い政治的・文化的中心があって、強大な首長がおり、その勢威が畿内にも及んでいたが、ある時期に、大和朝廷の新勢力によって圧服、あるいは敗亡させられたという、歴史的事件があって、これが神話に反映したのではないかと感じるであろう。

記紀の神話では、神々の世界には、アマテラスやタカミムスビを中心とする、高天原の天つ神グループと、出雲の国つ神グループとの、ふたつの異なったパンテオンの対立がみられる。

ところが、このように巨大化された、記紀の出雲像とは別に、『出雲風土記』に語られている出雲のローカルな神話では、スサノオやオオナムチは出てくるが、それほどの大きな国家神でもなく、国巡りをしたり、木の葉を髪にさして踊ったり、スキで国造りしたり、モミを積んだりする、ローカルな土臭い霊格にすぎない。

彼らが高天原の天つ神に対し、巨大なパンテオンを作って対抗するとは、とうてい思えない。この相違はどう説明できるのか。

また記紀に出てくる出雲は、とかく冥府《めいふ》とか他界に関係がある。イザナミの葬地を、出雲と伯耆の境の比婆山《ひばのやま》にあると伝えたり（記）、またイザナキが黄泉の国からもどる途中の黄泉平坂《よもつひらさか》を出雲の伊賦夜坂《いぶやざか》だと伝えたり(記)、スサノオが最後に王者となる、死者の国「根の国」は、出雲から直接に行ける場所のように画かれていること、またオオナムチもこれに結びついて語られていること(記)などをみても、出雲と他界との結びつきは明白である。この理由はどう説明できるのだろうか。

この「出雲神話の謎」について、従来、幾多の追究と解釈がなされた。大まかに分けると、(1)政治理念による作為説、(2)信仰的世界観における二元観に基づくという説、(3)出雲即他界の方位説、(4)史実中核説、(5)出雲即巫覡《ふげき》のセンター説などに分けられる。

36

出雲神話2

謎を解明する五つの説

前項の(1)は、大和朝廷の貴族たちの奉じる天つ神グループに対抗して、その権威に屈従した国つ神グループを朝廷側で理念的に作成し、地方で崇拝せられた神々を、後者のグループに包含したのだという説である。

(2)は、光明と暗黒、善と悪、生と死などの、古代人の二元的世界像に基づいて、神々に分けるという信仰からできたもので、その荒ぶる神の側、死や暗黒と結びつく、マイナスの原理の代表者が、出雲であるというのである。

(3)は、出雲は大和からみて死霊の往く他界の方角だから神々の終焉《しゅうえん》と結びついたという説。

(4)は、出雲を基盤として、かつて大きな政治的・文化的な勢力があり、これを大和朝廷の勢力が圧服させたという史実が中核にあり、この記憶がこの伝承を生んだという説である。この説のなかには、素朴な「出雲民族説」や「出雲朝廷説」などもあり、かつて出雲に特定の民族や、強大な政権があって、その勢力は畿内にも伸びていたという説となっている。

しかし、史実中核説のなかには、もっと地域的に限定された史実説、つまり出雲の国内の土豪同士の葛藤や吸収の史実の記憶が、中核となり、それが全国的なスケールの説話にしたてあげられたのだという説がある。

(5)は、出雲を、シャマニズムやこれに基づく医療・禁厭などの呪術などの実修をおこなう巫覡の徒のセンターとみ、この巫覡らの布教活動によって、全国的にその神々の伝承や、その崇拝がゆきわたったという説である。

『延喜式』に見える、出雲系の神々の全国的な分布や、『風土記』や『万葉集』に見える、オオナムチやスクナヒコナの伝説の広い分布などからの推定であるが、彼らの布教活動による崇拝圏の拡大化を、大和朝廷が畏怖を感じたところに、この「出雲神話の巨大化」の心理的基盤があるとする。筆者はこれに属する。

これらの説には一長一短があり、そのひとつだけでは、謎の解明には十分ではない。わたしなどは、これらの説は、みな部分的には正しいと思っている。そのひとつだけを採って、他を拒否するという立場を採っていない。

記紀の出雲神話は、『出雲風土記』にあるような、ローカルな神話そのままではなく、大和朝廷側からながめ、作りあげた虚像としての出雲であるから、(1)はたしかに妥当であるし、またその思惟の基底に、(2)の二元観があったことも事実であろう。また神話の表わす世界像に、(3)の日が沈む方角に他界があるという観念が広いことも事実である。(4)の史実中核説は、異民族説は問題外としても、出雲国内の土豪たちの葛藤は、あとに述べるように、たしかにいろいろな徴証がある。

37 出雲の古墳文化

東部と西部のちがい

考古学からは、出雲が畿内より古い特別な政治・文化の中心であったという証拠はない。

弥生時代のものとして、出雲大社の摂社の命主《いのちぬし》神社の境内から出た銅戈《どうか》や、東部の八幡町の平浜八幡宮所蔵の銅剣などから、北九州の銅剣文化に属し、朝鮮半島とも関連があるといわれる。

弥生時代には、それほど強大な主権が存在したとは思えない。

門脇禎二は、「近在の諸首長らが互いに地域的連合体制を形成し」杵築御埼《きずきのみさき》（日の御埼）などを通じて、北九州や朝鮮と文化の交流をおこなったと思われると説き、西部の方面に、杵築の大神オオナムチを中心に、連合体が形成されたと推定している。

この出雲と九州との関係は、オオナムチが九州の宗像《むなかた》の女神のひとりタギリビメと婚した神話や、崇神紀の、出雲の首長フルネが九州に旅行をしたという説話などを思い浮かばせる。

古墳時代になると、東部と西部では顕著な相違が出てくる。まず五世紀に入ると、東部の意宇川流域に、山代二子塚、大庭鶏塚などの大型の方墳ないし前方後円墳が、数多く出現する。これらの内部構造や副葬品には、畿内のそれと共通点も多いが、形状は畿内の前方後円墳とは対照的なものである。
六、七世紀になって、西部の簸川平野には、大型の横穴式石室が出現し、たとえば出雲市の大念寺古墳のような、前方後円、もしくは円形の後期古墳が数多く出てくる。これは東部の伝統的方形のものとは、いちじるしい対照だ。
この東西のふたつの古墳文化の相互関係については、従来、
(1)前者から後者へ、氏族が移動したか、
(2)前者と後者とは、もともと別系の氏族だったか、
のふたつの場合が考えられている。近年、この両文化のいちじるしい差異を考え、山本清、斎藤忠などの諸氏のように、(2)の説を採る人が多く、それぞれの地方に集団と首長がいたと考える傾向が強くなっている。

これを、記紀の古典に結びつけると、意宇地方の熊野大神を奉じ、アメノホヒを祖神とする、東部の豪族、すなわち出雲国造家と、杵築地方のオオナムチを奉じる西部

の豪族との対立を考えることができるであろう。

　前者が後者を滅ぼし、そのオオナムチの祭祀権を奪ったという史実が中核となって、国譲り神話が生まれたという、史実中核説の論拠はそこにあるのであるが、これは一面に妥当である。出雲大社の最高司祭であった出雲国造の居宅は、かなり後世まで東部の意宇にあったし、一族の墓地も意宇の大庭にあった。また意宇の熊野神社を本来の奉斎神としていたことも事実である。

　この東部の豪族が強引に西部に進出して、旧勢力をつぶし、西部の大神の祭祀権を奪取したのであろう。

38 スサノオ

高天原のスサノオと出雲のスサノオは別人か

日本神話での最大の人気者はスサノオである。記紀における彼の内性は、あまりに複雑で、学者によっては、しばしば問題となった。

高天原での彼の位置は、かなり大きく、またその行動も、驚天動地のものが多い。死んだ母のイザナミをしたい、「八拳《やつか》ひげ、心前《むなさき》に至るまで」泣き叫び、そのさまは「青山を枯山《からやま》なす泣きからし、河海《かわうみ》をことごとに泣きほしき」（記）というくらい、猛烈なもので、その号泣は「国の内の人民《ひとくさ》を多《さは》に死なしめ」（紀）たという。

スサノオがアマテラスを訪ねるさまも、「山川ことごとに動《とよ》み、国土みな震《ゆ》りき」（記）というような、すさまじいものであった。

スサノオの乱暴な訪問に、アマテラスは仰天し、天位をねらう二心かと疑い、男装し、武装して対面するのであるが、ここでは皇祖神と対等の存在として画かれている。

スサノオはアマテラスの信任を得てからは、大得意となり、さんざんに乱暴をする。

田のあぜをこわし、溝を埋め、新嘗の祭場を汚し、最後に生きた馬の皮を剝いで、アマテラスの神聖な機殿《はたどの》に投げこむというような、狼藉《ろうぜき》の限りを尽したので、アマテラスは怒って天石窟《あまのいわや》に入るのである。まったくここでのスサノオは、どうしようもない天界の秩序の破壊者である。

しかし、天界ではこのような悪つら役の彼が、いったん追放されて、出雲に下ると、まったく打って変わった、ヒューマニスティックな英雄となるのである。

可憐な人身御供の乙女クシイナダヒメを救うために、八頭八尾の怪物・八岐大蛇《やまたのおろち》を、詐謀をもって退治し、ヒメと須賀の宮に新婚の生活を営むなど、智仁勇を兼ね具え、ロマンを身をもって実践する、民衆の英雄である。オオナムチがスサノオの支配する根の国を訪ね、その助力を乞うたときも、最初はいろいろと意地の悪い試練を与えるが、最後には娘のスセリビメとの結婚を許し、その生太刀《いくたち》・生弓矢《いくゆみや》などの宝器で、自分の後継者となることを許しているあたり、それほど悪玉《あくだま》役とはみえない。

これが『出雲風土記』になると、もっと平和的で、スサノオはサセの木の葉を髪につけて踊ったり、国巡りをおこなったり、自分の御名代としての田を定めたりで、少しも乱暴者らしくも、巨人的な存在らしくもない。

この矛盾については、私は、本来まったく異なったふたつの神格が、結びつけられ、同一神とされたために生じたものと考えている。

スサノオはあとにも述べるように、出雲や紀伊でまつられた地方神で、本来は平和な神であった。スサはその崇拝地の地名である。出雲での彼の姿こそ、本来の彼の原像であった。

高天原での彼の行為は、よくみると、宮廷の祭りでの悪役と結びついている。彼のおかしたかずかずの悪行は、後世の大祓《おおはらえ》の行事で、祓い清められる罪の名として列挙されている。

39

スサノオの原郷

出雲か紀伊か

スサノオの名が、宣長などの説いたような「荒《すさ》び男」すなわち「乱暴な男神」の意ではなく、地名としての「須佐」の男神を意味するものであることは、近年多くの学者によって定説に近いものにまでなっている。

『出雲風土記』の出雲国飯石郡須佐郷のところでは、この神が「この国は小さきくになれども、国処《くにどころ》なり。故《かれ》わが御名は木石につけじ」といい、自分の魂をここに鎮め、その名の大須佐田・小須佐田を定めた。そこで須佐というと記されている。

この出雲の須佐がこの神の原郷であり、このローカルな神が朝廷の着目するところとなっていろいろな潤色が加えられた結果、高天原での巨大な悪役にしたてあげられたのだという説が、松村武雄、鳥越憲三郎などの多くの学者によって唱えられた。しかし、もしそうだとしても、この山奥の小盆地の神が、なぜ中央にわざわざ引っぱり出されて、こうした大役を押しつけられたのか、その理由が説明されなければ、十分な解答にはならない。

じつは、この神は、この須佐郷ばかりでなく、出雲の東西各地に崇拝や口碑があったことは、『出雲風土記』を見ればわかる。またそればかりではなく、この神の崇拝は、紀伊、備後、播磨、隠岐など、広い領域におこなわれていたのである。この神が宮廷で大きく扱われたのは、民間で人気のあった神だったからである。

ことに紀伊国在田郡には、古くから須佐神社があって、『延喜式』では名神大社《みょうじんだいしゃ》として朝廷の尊信もあった。出雲の須佐社が小社とされているのと比較して、この紀伊の社の位置は大きかった。私はこの紀伊の須佐こそ、この神の本来の原郷ではなかったかと考える。このほうが古かったからこそ社格も高いのであろう。この神は航海の守り神として知られ、スサノオをまつっている。

神話においても、この神は出雲のほかに紀伊と深く結びついている。おまけに船や海や樹木と結びついてである。『日本書紀』の一書の伝えでは、この神は最初新羅のソシモリに渡り、そこに御子のイタケルとしばらく住み、のちに土で舟を造り、これに乗って日本に渡り、出雲の鳥上峯《とりかみのたけ》に着いたといい、またイタケルも、多くの樹木の種子を日本中に播き植えたという。

また別の一書では、スサノオは、髯や胸毛などの体毛を抜き、散らすと樹木となったといい、その子のイタケルがふたりの妹の女神とともに、紀伊国に渡り、これを全国に植えたという。このイタケルは『延喜式』の紀伊国名草郡の伊太祁曾《いたけそ》神社がこれである。

紀伊国は古くから木《き》（紀）の国、すなわち樹木の生産地として知られ、またこの木材で造った船での遠洋漁撈や航海をおこなう海人の根拠地としても知られた。スサノオはもともと彼らの奉じる海や船にも関係ふかい神であったのである。

40 スサノオの前身

朝鮮半島との深い関係

スサノオは不思議と朝鮮半島とは関係ぶかい。『書紀』の一書の伝えでは、子のイタケルをしたがえ、新羅の曾尸茂利《そしもり》の地に降り、そこから船で日本の紀伊に渡る。また別の一書では、熊成峯《くまなりのたけ》から根の国に渡ったと語る。ソシモリもクマナリも、朝鮮の地名だとされている。

三品彰英は、ソシモリを、韓語の徐伐《ソフル》Sopur（都城）と結びつけて解釈しているが、韓土の地名であることは間違いあるまい。

熊成峯については、近年、朝鮮の地名久麻那利《くまなり》だとする説が有力となっている。『書紀』の雄略紀に、久麻那利の地を、百済の汶州王に賜うという記事があるのを見てもわかる。任那の熊川《ゆうせん》、もしくは百済の都の熊津《ゆうしん》、いずれも古くは久麻那利と呼ばれていた。

してみると、この神は新羅・高麗・百済・任那のいずれにも結びついているようであるが、要はそうした実際の行政区分を超えた、朝鮮半島、韓土に関係ある神なのであろう。

この神と朝鮮との関係は、古くから意識されていたらしく、すでに『古事記』に、この神の子孫として、山城の渡来氏族秦氏の奉じた韓神《からのかみ》や曾富利神《そふりのかみ》（ソフリは「都城」の意）がいると記され、また『書紀』では、朝鮮製の剣である蛇韓鋤剣《へみのからさいのたち》を持つと記されている。また『備後風土記』逸文に見える有名な蘇民将来の伝説では、疫病をもたらす恐ろしい蕃神《ばんしん》武塔神《むとうのかみ》や祇園牛頭《ごず》天王が、この神と同一視されている。ここでは、神は歓待してくれた人物を嘉し、冷遇した人物を罰するのである。

この神がもとの新羅の蕃神（外国から渡来した神）とする説は、江戸時代の藤貞幹から、近代では今西竜、田中勝蔵、水野祐などによって主張されている。新羅第二代の南解王次次雄がそれだ。次次雄は、慈充とも表現され、「巫覡《みこ》」を意味する su-sung という語と同系のものらしい。

ところで、スサノオは、ふつう素戔嗚とか須佐雄とか表記され、スサウまたはスサヲとしか読めないものもある。

日本の古語の漢字表記法は、ng の音をウで表わすのが立て前であった。従って、su-sang がもとの発音だとすれば、su-sung とはきわめて類似した発音となる。水野祐は、一歩を進めて、この神を朝鮮系の巫覡の奉じる神とし、渡来系の「韓鍛冶部《からかぬちべ》」に関連づけている。これが出雲に土着して須佐の神となったというのである。

　私の見解としては、この神の蕃神的要素の存在は否定できないが、この神の前身をまったくの蕃神だったとすることには疑問をもっている。この神と韓土の巫覡神との結びつきは、五、六世紀ごろさかんに韓土と往来し、交易や外征に従事した紀伊の海人の活動によるものだと考えている。三品彰英も論じたように、スサノオ、イタケル以下紀伊の樹木神を奉じた紀伊の海人らが船で韓土に渡り、大和朝廷のパイロットをつとめたこともあって、これが神話に反映したのであろう。

41 八岐大蛇

出雲固有の風土伝承か

八岐大蛇《やまたのおろち》神話は、不思議なことに現地の『出雲風土記』には出てこない。

八岐大蛇神話の筋は、記紀の各異伝で多少の相違があるが、ほぼつぎのごとくである。

高天原を追われたスサノオが出雲の肥の川（のちの斐伊川）の上流の鳥髪山《とりかみやま》（鳥上山）の近くに降る。頭が八つ、尾が八つの怪物八岐大蛇のために毎年娘をひとりずつ食べられ、最後のひとりクシイナダヒメをなかに、泣いていた翁夫婦アシナツチ・テナツチのために、この大蛇を退治しようと申し出、酒槽《さかぶね》に酒を満たして待ち受けた。やって来た大蛇が酒を飲みほし、酔いつぶれたところを、スサノオが剣で切り殺し、肥の川は血で赤くなった。尾を切り裂いたところ、霊剣草薙剣《くさなぎのたち》が出て来たので、姉のアマテラスに献じ、これがのちに三種の神器のひとつとなる。クシイナダヒメと結婚したスサノオは、出雲の須我（須賀）に宮殿を造って住んだという。

鳥上山は、現在の船通山であり、斐伊川の源泉である。風土記にこの説話がないことは論議の種となった。この話はもともと記紀の神話作者の造作で、現地の出雲人のあずかり知らない説話ではなかったかという説も出ている。

しかし、記紀にあって風土記にないという説話は、例のオオナムチの根の国訪問をはじめ、たくさんあって、これだけではない。風土記の編述内容は、主として山川原野の地名の由来を語るという点にあったから、一人物の生涯を語る英雄譚のようなものは、記さなかったともいえるし、またすでに記紀に記されているものは意識的にはぶいたとも考えられる。

私はこの大蛇退治譚は、やはり出雲固有の風土伝承であったと思っている。『出雲風土記』にはこの説話自体は出てこないが、この話と切り離せない、クシイナダヒメの名と類似のクシイナダミトヨマヌラヒメという女神の名が、八岐大蛇譚にゆかりの斐伊川沿いの飯石郡熊谷郷の条に出てくる。同じ郡に、スサノオにゆかりの例の須佐の地がある。この女神の名の意味はわからないが、クシイナダヒメの別名であることは間違いあるまい。クシイナダヒメが「神秘な稲田の女神」を意味することは、いろいろな筆者の論じるところである。

この大蛇退治の話は、出雲地方で盛んな龍蛇崇拝と農耕の結びついた信仰行事から出ている。山陰地方の田の神サンバイは、往々蛇体と伝えられているし、田植歌には、稲の女神イナヅルヒメとの婚姻が歌われている。また田畑のかたわらにあって、その守り神、土地の神でもあると伝えられる荒神森、荒神祠も、その神木には蛇の形のワラの縄を巻きつけ、これに粥や麹、酒などを供える。

熊谷地方には、古く稲田の女神と水の神の大蛇の神婚伝承が語られ、祭りが祝われていたのを、スサノオの崇拝が入りこんで、これを包摂し、その意味を変え、民間に流布する人身御供譚をその由来譚として採用したのであろう。

42 クシイナダヒメ

人身御供はほんとうに行われたか

八岐大蛇とクシイナダヒメとの関係は、もともと「怪物と人身御供」ではなくして、蛇体の水神・農耕と、稲田の女神との結婚だったのであり、そうした行事によって、稲の稔《みの》りがあると信じられたのであろう。八岐大蛇が祭られるべき神であったことは、スサノオがこれに向かって、「汝は畏き神なり、敢て饗《みあえ》せざらむや」（紀）といっていることでもわかる。

この蛇祭りのもとの意味が不明になり、スサノオのような新しい人間的英雄神の崇拝に包摂されると、かつて尊崇された蛇神は、英雄神に退治される邪悪な怪物とされ、結婚相手の稲田の女神は、あわれな人身御供の女とされてしまう。そして祭りのさい、女神の役をつとめた斎女は、かつての人身供犠の名残りと解せられるようになる。

欧亜に広く「ペルセウス・アンドロメダ型」と呼ばれる人身御供説話が分布しており、怪物（それも多くが水に住む怪物）を英雄が退治し、人身御供の乙女を救い、結婚するというモチーフをもっていることが知られている。

かつてこれらが、実際におこなわれた人身供犠の実際の記憶を伝えたものであろうという、人類学者の説などもあった。穀物の女神の祭りに、実際の乙女をイケニエとしたインドのコンドウ族やメキシコのアズティック族の例もあるから、この世界拡布型の源流に、そうした慣習を考えることは誤りとはいえない。

ただ日本におけるこの型の多くは、たんに説話として広く運ばれたもので、かつて実際の人身犠牲がおこなわれたという証拠は何ひとつない。

諸国の古社に伝わる、「人身御供の神事」というものも、みなかつてここで祭りの日に人身御供の娘をささげたが、現在はこれを廃止し、代わりに人形《ひとがた》とか動物の肉を供えるようになったとか、ヒトミゴクと名づける野菜類の供物をささげるようになったとか、または祭りの日にイットキジョウロウ、一夜官女《いちやかんによ》などといって少女を選んで奉仕させるようになったとか、いろいろとその祭りの行事の由来譚として語られている。

またときとしては、祭りの稚児《ちご》、頭人児《とうにんご》、一ツモノ、ヨリワラなどをも、そうした名残りと伝える口碑が多い。しかし、これらはみな祭りのヨリシロや供物、これを供える斎女《いつきめ》、神霊の尸童《よりまし》などであって、その意味が忘れられてからのちに、人身御供譚が付会せられたのである。ことに近畿地方などには、祭りにワラで蛇縄《じゃなわ》を作り、これに人形《ひとがた》や膳部《ぜんぶ》を供え、また稚児、頭人児、斎女が奉仕し、人身御供の名残りを伝えるところが多い。奈良県西九条の倭文神社の秋祭りに、野菜をつかったヒトミゴクという供物がささげられ、また昔大蛇の人身御供に当てられた遺風として、頭人児が奉仕し、まだズイキで作った蛇形の供えものがある。近江の三上神社、両所神社などの祭りに、大蛇の人身御供に娘をささげた遺風として人形を供えている。八岐大蛇神話も、斐伊川地方の蛇祭りの行事から出たもので、実際の人身供犠の記憶ではなかろう。

43 クサナギの剣

出雲の鉄文化と神々

八岐大蛇神話が出雲起源のものであるという証拠は、もうひとつ、この物語と斐伊川上流における古代の鍛冶部との関係である。この川や、飯梨川の上流は、古くから砂鉄を産し、鉄器・鉄具を造る鍛冶の集団「鍛冶部《かぬちべ》」がいた。『出雲風土記』の仁多郡や飯石郡の条にも、砂鉄が多く採れることが記されている。

後世にも、この地方は、俗に金屋《かなや》、踏鞴《たたらし》師と呼ばれる漂泊的採鉱冶金業者の根城であった。いまでも飯石《いいし》郡の菅谷や仁多郡の横田などには、いくつかの踏鞴場《たたらば》が残っている。タタラという語は、古くは火を吹きおこすフイゴを呼ぶ名であったが、のちにはこの地方では金属を熔かす炉の意味に用いられている。

彼らが砂鉄を採る方法は、肥の川を利用して、この水によって切り崩した砂鉄を含んだ花崗岩を下流に流し、砂鉄分だけを選び出す「かんな流し」である。これには大量の水が必要であったから、川上の水神・蛇神をも、彼らが奉じたのであろう。

出雲の刀剣が神宝として朝廷に献上されたことは、実際にも例がある。出雲国造が新しく就任したとき、一族とともに上京し、天皇の御前で、神賀詞を奏上する式に、数多くの玉や鏡とともに、剣を献上するのが例であった。

これらの神宝は、天皇の御寿《みいのち》の長久と回春をはかる呪具であると考えられたが、もちろん出雲現地の産物であったらしい。

「かんな流し」のさい、鉄分を含んだ赤く濁った水が川に流れるのは、大蛇の血によって肥の川の水が赤くなったという話を連想させる。『出雲風土記』の大原郡斐伊郷のところに出てくるヒノハヤヒコという神は、水野祐や筆者もかつて論じたように、鍛冶部の奉じた火の神の名であったと思われる。火の神カグツチを殺したとき、その血から生まれたというヒハヤヒノ神や、スサノオの片足から化生したというヒノハヤヒノミコトなどとも、同じく、火の激しくすみやかに燃えあがる力を讃えた神名である。

『新撰姓氏録』によると、ヒノハヤヒノミコトは、その十二世の孫麻羅宿禰《まらのすくね》が奉じていた。マラ、マウラなどという名は、鍛鉄《たんてつ》に関係する名であった。記紀では、鍛冶神アマツマウラないしアマツマラが鐸《さなぎ》を作ったという説話がある。アマツマラは『古語拾遺』では、アメノマヒトツノミコトとも呼ばれ、一眼の神である。一眼の鍛冶神の信仰は、ギリシャのキクロペスや、アイルランドの一眼の巨神バロルにみるように、世界的である。

『出雲風土記』の大原郡阿用郷《あよのさと》で、目一つの鬼《まひと》に農夫が食われ、アヨアヨと叫んだという話がある。紀伊の熊野の山中に出没すると信じられた一踏鞴《ひとたたら》という妖怪も、やはりもとタタラ師の奉じる一眼神であり、その妖怪化したものらしいが、出雲の眼ひとつの鬼も、同様な鍛冶神の堕落したかたちなのだろう。

44

根の国

黄泉の国と同じなのか

スサノオと根の国とは関係が深い。父神イザナキから叱られたときも「根の国に行け」と言われているし、天石窟戸《あめのいわやど》の事件で神々から処罰されたときも、根の国に追放されている。また樹木の種を播《ま》いたあと、熊成峯《くまなりのたけ》から根の国に渡ったと『日本書紀』の一書に記されている。また『古事記』で、オオナムチが彼に会うために訪れる国も根の国であった。

根の国とは、根の堅洲国《かたすくに》とも、根の国・底の国とも呼ばれ、地下にある暗黒の死者の世界であるとされ、一般には黄泉の国と同じものとされている。『道饗祭祝詞《みちあえのまつりののりと》』では、そうした地下の汚穢の国とされている。

しかし、スサノオの渡った根の国は、そうした色彩をすこしも含まない。そんな陰惨な国ならわざわざ渡るはずもない。

ことにオオナムチの訪れた根の国は、黄泉平坂《よもつひらさか》があることだけは、イザナミの黄泉国と共通であるが、そこには大きな宮殿があり、スセリビメのような美姫あり、大きな野ありで、とても死者の国らしくはない。これはいったいどうしたことであろうか。

じつは、この根の国こそは、古代日本人の信じたもっとも素朴な他界信仰を残したものなのである。柳田國男によると、根の国は元来地下ではなく、海のかなたにあると信じられた他界であった。ネという語は、生命の根源という意味で、祖霊・死霊の往くところばかりでなく、あらゆる生命の源泉地でもあったらしい。このネの国と同系と考えられるものに、沖縄のニライカナイ、ニルヤ、ネンヤ、ニイルなどと呼ばれる、海上楽土の信仰がある。稲や火やあらゆる生命の源泉地と信じられていた。類似の海上他界の信仰は、インドネシア、ポリネシア、メラネシアなどにもある。

スサノオは、この根の国から沖縄のニイル人のように、時を定めて、樹木の種子や地の稔《みの》りをもたらすために来訪する神であったらしい。もとは紀伊の須佐ふきんの海人の信仰であり、船に乗ってやって来た若者たちに成年式を施す神であったのであろう。この神がオオナムチに根の国で試煉を与える話は、成年式のさいの苦行を表わしている。

この説話はやがて出雲に移って変容し、海洋性を失い、地下の黄泉国と同一視されてゆき、黄泉平坂などもできたが、それでもオオナムチの赴いた根の国は、最初の素朴さを失わなかったのである。

イザナミの黄泉国の陰惨さは、元来の地下の世界の暗さや死体の連想にもよることであるが、私は、七、八世紀ごろ、横死をとげたものの怨霊《おんりょう》が、雷神・疫鬼《えきき》を生み、現世に災厄をもたらすという、いわゆる御霊《ごりょう》信仰（否、むしろプレ御霊信仰といった方がよいかも知れない）の台頭に、この原因のひとつを求めたいと思っている。焼死したイザナミの死体に各種の雷神が生まれ、イザナキを追う話などはその影響がある。

45

オオナムチ1

多くの異名をもつのはなぜか

出雲の国造りの大神オオナムチは、いろいろと複雑な内性をもっている。異名だけでも、オオナモチ、オオナムチなどのほかに、オオクニヌシ、アシハラノシコオ、ヤチホコノカミ、ウツシクニダマノカミ、オオクニダマなどの名があって、これだけ多くの名をもつ神は、ほかにはいない。

オオナムチのナは地震《ない》や名主《なぬし》、名寄帳《なよせちょう》などのナで「土地」を意味する語であるとか、やはり「大地」を意味する朝鮮語naであるとか、いろいろと説かれているが、要は、オオクニヌシのクニがやはりアメと対立する「国土」を表わす語であることを考え合わせて、この神の本来大地・土地に結びついた神であることを示しているようである。

オオクニダマは、本来「国土の精霊」を意味するクニダマを讃えた名であり、特定の神をさすことばではない。『延喜式』には、諸国に数多くの国魂神社、大国魂神社の名が記されている。出雲のオオナムチとは無関係である。しかし、オオナムチの崇拝が全国にひろまってから、多くのクニダマの神がみなオオナムチと同一視された。

大和のクニダマの神であった三輪のオオモノヌシなども、『日本書紀』では、オオナムチの異名のひとつとされ、またはその幸魂奇魂《さきみたまくしみたま》（その霊魂の霊妙な働きのひとつ）の名とされているが、本来は別神であろう。

ウツシクニダマとは、本来「現《うつ》し身のクニダマノ神」ということで、クニダマの化身《インカーネーション》として国土の祭政を管掌する祭司王の呼称である。出雲では、このオオナムチ、それに意宇の熊野大神、その他出雲国内の神々の祭祀を一手に引き受けた出雲の祭司王出雲国造《いずものくにのみやつこ》をさす称号であったが、これがのちにその祭る神自身の名となったのであろう。

オオナムチも、オオクニヌシも、オオクニダマも、要するに、「偉大な国土の主《ぬし》」を表わす名で、もともと大地・土地と結びついた霊格であったと思われる。『古語拾遺』には、大地主神という神がいて、稲田の所有者と語られる。伊勢外宮の神域にも、大土御祖《おおつちみおや》神社というのがあって、外宮鎮座以前からの土地の主である。オオナムチ、オオクニヌシも、こうした大地主《おおつちぬし》という神名と同様な、古い土地の主を表わす称号だったのであろう。

後世のフォークロアにも地主神《じぬしがみ》、地神《じがみ》などと呼ばれる神の小祠が、屋敷や田畑の一隅にまつられている。また大きな仏閣のかたわらに地主神《じしゆじん》、地主権現《じしゆごんげん》といって、その土地に古くからあった土地の神がまつられている。

オオナムチも、出雲の土地の神であり、国土にゆかりのある霊格であったから『出雲風土記』に見えるように、「五百津《いおつ》鋤《すき》取り取らして天の下作らしし大神」、つまりたくさんのスキをもって国造りをおこなった大神と讃えられたり、また全国の神の総帥《そうすい》とされ、天の神に国土を譲った先住者とされたのである。

46

オオナムチ2

もともとは女性か

オオナムチが典型的な男神・英雄神であることは、記紀や風土記を見て疑う者はない。しかし、フォークロアに出てくる大汝《おおなむち》という名は、意外なことに女神なのである。それは、狩人や杣人《そま》などの信奉する、山のいっさいの動・植物を管理・支配する、山の母神の名である。

日本の山の神は、一般に気性の荒い女神で、醜女でありながら、一面に好色・多産で、若い男を好み、またオコゼ、石棒、けずりかけなどの男根状のものを喜ぶとか、樹木の伐採や鳥獣の狩猟などの管理をおこなう存在として知られている。その名は多くオオナンジとかシャチナンジとか大汝明神とか呼ばれているのである。

堀田吉雄などは、この山の神は、本来山のいっさいの生物の生成を掌る蕃殖母神で、その遥かな源流は、縄文時代の女神・女性土偶にあるとしている。

この当否は別として、日本の山の神の信仰が、農耕以前の古い狩猟民文化の要素を残していることは、獲物を射とめたときの毛ボカイなどという儀礼をみてもわかることである。この女神は、ギリシャの狩の女神であったアルテミスやクレータの「山の母」のような、「動物の主」であったのであろう。

東京の国立博物館にある『馬医絵巻』（文永四年の奥書がある）に、「大汝」という名の巫女《みこ》姿の山の神の像が画かれていて、馬の守護神とされている。三河地方の山の神は、シヤチナンジと呼ばれる女神であるが、この神の産を助けたと伝えられる狩人も、オオナンジ・コナンジというふたりの男であった。この山の神の名が、シヤチナンジであるのに対し、この産を助けた狩人の名がオオナンジ・コナンジであって、同系の名であるのは不思議にみえるが、諸国の伝統をみると、この型の話に出てくるふたりの狩人の名は、多くオオナンジ・コナンジである。たぶん、オオナムチという名は、もともと山の母神の名であり、のちにこれを奉じる狩人の英雄がこの名を負うようになったのであろう。

諸国の古刹《こさつ》の春の修正会《しゆしようえ》などで、読み上げる神名帳にも、よく大汝《おおなむち》・小汝《こなむち》とか大奈《おおな》知《ち》・小奈知《こなち》明神とかの名が記されている。『古事記』でも、『出雲風土記』でも、オオナムチは、猪を狩る英雄として語られている。本来、狩の神、山の主、野獣の主としての痕跡でないとはいいきれない。

『古事記』を見ると、オオナムチは、八十神たちに迫害され、いくどか殺されては復活するのである。

そのとき、たえずその背後に見え隠れして、その蘇生を助けている母の神の存在に気がつくことであろう。赤い猪だとだまされて、赤熱した石を抱き、いったん焼け死んだオオナムチを、母の神がふたりの貝の女神に命じて蘇生させるのである。オオナムチは、この母神の名であったかもしれない。

47 オオナムチ3

農耕神でもあったのか

記紀では、このオオナムチは英雄神らしい色彩が顕著であるが、『出雲風土記』や『播磨風土記』でのこの神は、農神的性格が強く出ている。

その相棒のスクナヒコナとともに各地を巡行し、稲種を播き、稲積を置いたり、稲俵を積んだり、モミを臼《うす》でついたり、飯を盛ったりしている。このような、稲と縁の深い神として語られていることは、彼が元来、ギリシャのトリプトレモスのような農耕を人に教え授ける存在とされたように思える。後世のフォークロアでも、この神は大黒様《だいこくさま》と呼ばれ、しばしば田の神と同一視される。

『播磨風土記』神前郡のところに、昔、オオナムチとスクナヒコナとが根競べをし、オオナムチが大便をせずに堪え、スクナヒコナが土をになって遠くに出かけたが、オオナムチが途中で洩《も》らし、ついでスクナヒコナも土を岡に投げ捨てたといい、地名説話となっている。糞便や土とこの二神との結びつきは、その農神的性格をよく表わしている。

オオナムチは本来の大地、土地との結びつきから、農神らしい要素も出てきたのであろう。この神とスクナヒコナとの国造りは、記紀では何か国家経営というような政治的意味として語られているようにみえるが、『万葉集』の、

おほなむち　少名御神《すくなみかみ》の　作らしし　妹背《いもせ》の山を　見らくしよしも（巻七）

の歌に窺われるように、山や丘などを作ったという創造の事業であったことがわかるが、それにしても、『出雲風土記』に、「五百津鉏々《いおつすきすき》なほ取らして」国土を造り堅めたという表現があるのは、スキで田畑を耕す農耕的な行為が前提となっている。この協力者のスクナヒコナは、中世の人気者一寸法師とならんで、古代のユーモラスな小人《こびと》の神であった。この神が蛾《ひむし》または鷦鷯《さざき》の羽を衣《ころも》とし、ガガイモのさやの船に乗り、出雲の美保の岬《みさき》または稲佐《いなさ》の小浜に漂い着いたという記紀の説話は、彼が海のかなたの常世から来訪する豊饒霊のひとつであったことを表わしている。スクナヒコナと常世との結びつきは本来的なものであったらしい。「常世にいます岩立たす少名御神《すくなみかみ》」と歌われ、『日本書紀』や『伯耆風土記』逸文では、粟茎《あわがら》にはじかれて常世に去ったとも語られている。常世国とは、古代人の信じた海上の他界である。

この神がやはり農神であり、一種の穀霊であったことは、いろいろな学者の論じた

ところである。

この神の正体を最初に見届けたのがクエビコ、すなわち山田のソホド（カガシ）で、これを推挙したのがタニグク（蛙）だったという『古事記』の物語も、この神と稲作との結びつきをよく表わしている。「お椀の舟に箸のカイ」の一寸法師も、やはり同様に「稲の精霊《スプリット》」の民譚化したものであるが、その意味では両者は親戚同士なのである。ヨーロッパで、こびとがよく麦刈りや粉ひきの手伝いをするという昔話があるが、これも穀霊信仰から出たものといわれる。

48 オオナムチの苦難

八十神の迫害の意味するもの

『古事記』には、オオナムチの生《お》い立ちのいろいろな苦難の物語が語られる。

兄の八十神《やそがみ》の伴《とも》をして因幡のヤガミヒメのもとに出かける途中、例の因幡の白兎の話があり、ワニに皮を剝がれた兎に治療の方法を教える。ヤガミヒメは八十神たちの求婚を拒み、オオナムチと結婚しようというので、八十神たちは怒り、彼を殺そうとする。兄たちは猪に似た石を焼き、彼をだまして抱かせ焼死させる。

母の神が悲しんでカミムスビにすがると、カミムスビはウムガイ・キサガイの二女神を遣わし、貝の粉を水でといた塗り薬で、蘇生させる。兄たちはこれを見てくやしがり、こんどは大木の割目に入らせて、クサビを抜き取り、はさみ殺そうとするが、母神が見つけて助ける。八十神がなお追いすがるので、母神はついに根の国のスサノオのもとに逃がしたという。

この話は、巫覡《みこ》の団体の入門《イニシエーション》式における、受戒者たちの苦行と試煉を表わすものと解されている。八十神とは、その長老たちの神話的投影であり、またオオナムチのいくどかの死と蘇生は、そうした秘儀に多い「死と蘇生の儀礼」を表わしたものである。また母の神の登場は、その団体の守護女神の崇拝を表わす。

有名なメラネシアの秘儀団体ドクドクDukdukでは、その祭りにさいし、女神トブアンTubuanが現われ、男神ドクドクを生み出し、また受戒の少年たちを棒で打って殺し、これを再生させると信じられた。

ニューヘブリデスでも、秘儀団体マキMakiがあって、洞窟、列石、立石、迷路状石造物などを祭場として、若者たちの「死と蘇生」の入門式がおこなわれ、レ・ヘヴ・ヘヴLe-hev-hevという名の母神がまつられた。その女神は「再誕の母」とも呼ばれ、少年たちを再生させる存在だった。また牙のある猪が少年たちと同一視され、母神にささげられた。オオナムチの死と猪、母神との結びつきを思い出させる。

オーストラリアのカラジエリ族の成年式の縁起譚にも、いくぶん似た話がある。昔、バカジンビリという、兄弟の巨人がいて、成年式の儀典を人間のために定めた。ところが、ある男がこの兄弟を槍で殺してしまった。母親が死体を探し出し、その乳によって兄弟は蘇生したという。母親や乳の登場は、オオナムチの母親が、オオナムチの体に、貝の汁を「母乳のように」塗ったという『古事記』の伝えを思い出させる。ここでも死と蘇生が語られる。日本にもかつて巫覡《みこ》の団体がこうした苦行的な入門式をおこなったことは、後世の山伏や東北の盲目の巫女イタコなどの入門式に、苦行や死と蘇生の象徴儀礼がおこなわれていることでもわかる。

オオナムチの崇拝は、後述するように、医療や禁厭《まじない》、託宣などを機能とする巫覡たちの団体の活動によりひろめられたのである。

49 オオナムチの根の国行き

巫覡の始祖伝説か

根の国に逃れたオオナムチには、また新たな試煉が与えられる。

根の国の王者スサノオは、彼を「蛇《へび》の室《むろや》」「呉公《むかで》と蜂の室」に寝かせ胆力を試す。スサノオの娘のスセリビメが彼に恋し、「蛇のヒレ」「呉公と蜂のヒレ」を授けて撃退させる。つぎにスサノオは矢を野に射こんで彼に取らせ、野に火をつけるが、鼠の忠告により難を逃れる。スサノオはオオナムチに頭の虱《しらみ》を取らせるが、見ると虱ではなく呉公《むかで》がたかっている。ヒメの出す椋の実と赤土を噛んで吐き出すと、呉公を噛みつぶしていると思い、スサノオは安心して眠る。その間に、スサノオの髪を垂木《たるき》に結びつけ、ヒメを負い、生太刀《いくたち》・生弓矢《いくゆみや》（人を蘇生させる剣と弓矢）・天詔琴《あめののりごと》（神託用の琴）の三つの宝をもち逃げ出す。琴が音を立て、スサノオは目覚め、追って来る。黄泉平《よもつひら》坂《さか》まで追って来たスサノオは、オオナムチに呼びかけ、結婚を許し、その呪宝で地上にもどり、葦原中国《あしわらのなかつくに》を治めるようにと言った。そこでオオナムチは、国土の支配者となったという。

この説話は、説話学からは、「英雄求婚型」に属する。世界に広く分布する型である。その共通の荒筋として、(イ)英雄が他界または他国に行き、そこの王者に試され、(ロ)王女が英雄に恋し、これを助けて難関を突破し、(ハ)英雄と王女とは出奔《しゅっぽん》し、追跡され、(ニ)二人は国に還って結婚する、という内容があり、ギリシャ神話の英雄テセウスやイアソンの物語もこれに属する。

蛇のヒレや呉公・蜂のヒレなどは、『旧事本紀』にも出てくる。物部氏の祖先のニギハヤヒが、十種の天璽瑞宝《あまつしるしみずたから》を、天神御祖《あまつかみのみおや》（天の母神）から授かり、これを打ち振ると死者も生き返ると教えられたという。このなかにこのヒレの名がある。古代の巫《み》覡《こ》が病気治療の呪術儀礼をおこなうとき、他界に迷いこんだ魂を呼びもどし、蘇生させる招魂《たまふり》の法の由来譚である。オオナムチの根の国の話も、生太刀・生弓矢は正しく起死回生の呪法である。

根の国での蛇の室などの試煉は、やはり古代の巫覡団体の入門式の苦行を表わすものであろう。おそらく実際にひとつひとつ区画された岩室の中に、これらの動物が飼われ、全体が他界を表わすという構造だったのだろう。

実際に未開民族のそうした儀礼にも、毒蜂や地蜂に候補者たちを刺させることもある。

オオナムチの根の国での試煉は、そうした秘儀的な苦行を表わし、スセリビメはこの秘儀団体でまつられる他界の女神なのであろう。この女神を負い、招魂の呪具と神託の巫具を持って、顕《うつ》し国魂《くにだま》の神、すなわち生き身の国土の神霊となったという話は、おそらくそうした呪具を携帯して、そうした医療や禁厭《まじない》を実修する巫覡らの始祖伝説であろう。

前の八十神の話と、後の根の国の話とは、本来は別系の話であったらしい。しかし、巫覡たちの手によって、ひとりのオオナムチの物語に結びつけられたのであろう。これにはオオナムチとスサノオの崇拝の習合が前提となる。

50 宗教王国・出雲

オオナムチ教は古代の新興宗教か

出雲は独自な宗教王国であった。記紀の出雲神話の巨大さの謎は、出雲王国に対する中央貴族側の畏怖《いふ》ということによっても説明できるのであるが、じつは、よくみると、出雲系の神々の信仰勢力圏は、ひとり出雲一国にとどまらず、九州、山陽、山陰、四国、近畿、中部、関東、北陸など、ほとんど全国に及んでいることがわかる。

『延喜式』を見ると、オオナムチ、スクナヒコナ、スサノオなど出雲の神の神社は、全国に分布していた。『万葉集』でも、オオナムチとスクナヒコナは、いろいろな国で山を造ったり命名したり、岩屋にこもったりしている。

『伊予風土記』逸文では、道後温泉の由来譚となっている。『播磨風土記』でも、オオナムチとスクナヒコナは大活躍するが、ほかにも出雲のアボ大神とか御蔭《みかげ》大神とか、正体不明の出雲の神々も登場する。これらの神々を祭るのに、播磨の国内にもかかわらず、盛んに出雲人が活躍している。出雲人とは、たんなる出雲の国人《くにびと》の意味ではなく、こうした出雲系の神々の神徳を伝え、その祭祀や呪術を各地にもたらした巫覡《みこ》の徒であったのであろう。

『古事記』の崇神朝のできごととして、出雲のオオナムチの祭祀が一旦中絶したのを、大神が丹波のヒカトベという人物の小児の口を借りて神託を授け、祭祀の復興を命じたという説話があるが、その託宣に「玉も鎮《しず》し、出雲人祭れ」というのがある。出雲人とは、そうした託宣・予言・卜占などをもって出雲の神々の祭祀をすすめ、祠や岩屋の聖所を設けてまわったのであろう。

『文徳実録』斉衡《さいこう》三年（八五六）の記事に、常陸の大洗磯前《おおあらいのいそさき》に不思議な石が打ち上げられ、ひとりの漁翁が発見し、またその神が人に憑り移って「われはオオナムチ・スクナヒコナなり」と託宣したので、これを祭ったということが記される。これが「磯で名所は大洗さまよ」の磯節で名高い大洗神社である。『延喜式』では大洗磯前薬《おおあらいいそさきやく》師《し》菩薩《ぼさつ》神社という名となっており、仏教の医薬の神である薬師《やくし》と習合している。

『日本書紀』によると、オオナムチとスクナヒコナの二神は、人間と家畜のための医療や禁厭《まじない》の法を定めたので、人びとは今日までその恩恵に浴しているという。『古事記』の因幡の白兎の話やオオナムチがやけどをする話に出てくる治療法も、おそらく彼らの施した医療法であったのであろう。『伊予風土記』逸文に見える、死んだスクナヒコナを、オオナムチが温泉の湯を浴《あ》びせ蘇生させたという話も、彼らのひろめた温泉の効能譚であろう。実際に、各地の温泉神社で、この二神を開祖としてまつっているところがすくなくない。

彼らの宗教は、託宣、卜占、医療、禁厭などの機能をもつシャマニスティックな個人的宗教であったらしい。従来の地縁的・血族的・封鎖的な氏神信仰と異なる、超地域的な新興宗教であったのであろう。

第5章

出雲と天皇家の謎

51 国譲り神話

史実を反映しているのか

記紀のオオナムチとその御子神たちの国譲りの神話は、ひどく現実的・政治的なモチーフを含んでいて、たんなる架空の物語ではなく、かつて出雲国内でおこった実際の歴史的事件の反映ではないかという感じを、誰しも受ける。これは一面に妥当である。

ただこの舞台は、最初は出雲のイナサの浜であるが、物語の進行中に、信州諏訪の地や、大和の国などに遷されたりして、全国的なスケールのものとなっている。あとで付加された別の地域での説話も多いのである。

国譲り神話はつぎの構成部分に分けられる。(1)天つ神による二度の使者（アメノホヒとアメワカヒコ）の派遣と失敗、(2)三度目の使者タケミカツチとアメノトリフネ（記）、またはタケミカツチとフツヌシ（紀）の派遣と談判、(3)コトシロヌシの海中への隠退、(4)タケミナカタの降伏、(5)出雲大社の造営を条件に、オオナムチの国譲りの受諾、(6)クシヤタマ（記）、またはアメノホヒ（紀）によるオオナムチの祭祀、から成り立つ。

このなかから出雲とは関係ないエピソード的なものを除くと、本筋は、出雲のイナサの浜での両者の交渉・談判により、オオナムチ一族が国譲りに同意したので、天つ神側では、出雲大社を建て、この神をまつったということになる。

このなかで、この天つ神側の功績者にフツヌシがいること、またアメノホヒが、一面には出雲側に寝返り、媚びついた不忠実者と語られながらも、オオナムチの祭祀を引き受けたという伝承（紀）があることは、注目すべきである。

史実の中核としては、私は、出雲臣《いずものおみ》一族がある時代（五・六世紀ごろか）に、大和朝廷の仲介・後押しにより、群小の首長らや巫覡らの奉じる西部のオオナムチの祭祀権を奪取し、出雲一円の祭政を掌ることになったという顚末があって、これにいろいろな尾ひれがつき、神同士の交渉というかたちで語られ、出雲大社の鎮座縁起というかたちで結ばれたのだと考えている。アメノホヒを祖とする出雲臣一族は、もと東部の意宇郡の豪族で、本来の奉斎神は、オオナムチでなく、意宇川上流の熊野大神であった。西部の杵築《きずき》に居宅を遷してからも、なお意宇の大庭《おおば》には、代々の国造《くにのみやつこ》の墓所があった。この国造家一族と意宇川流域の前期古墳群とは関係があろう。西部平野の古墳群との顕著な相違は、東部のこの出雲臣氏《いずものおみうじ》と、西部の豪族との対立を表わすという解釈もある。

国譲りの天つ神側の功績者としてタケミカツチが登場するが、この神は本来中臣氏の氏神で、常陸の鹿島神宮の神であり、出雲とはなんの関係もない。上田正昭も論じたように、この神の登場は、中臣氏の政治的圧力による無理な割りこみにすぎない。

本来の功績者は、出雲国造の祖のアメノホヒとその子のヒナドリ、およびフツヌシであったことは、『出雲国造神賀詞《いずものくにのみやつこのかむよごと》』にも語られている。

52 アメワカヒコ神話

民話劇の台本か

アメワカヒコの神話は記紀の国譲りのなかにエピソードとして語られる。天孫降臨に先だって、荒ぶる国の神たちを慰撫のため、最初はアメノホヒ、つぎにはアメワカヒコが遣わされる。ワカヒコは出雲のオオナムチの娘シタテルヒメと婚し、八年間ももどらない。雉《きじ》の鳴女《なきめ》を遣わし、事情をきかせる。アメノサグメがワカヒコをそそのかし、不吉な声で鳴く鳥です、といって、弓矢で射殺させる。矢は雉の胸を突き通し、天上のタカミムスビ、アマテラスの二神に到った。二神はこの矢がワカヒコに授けた矢であったことを知り、これを投げ返す。矢はワカヒコが新嘗の神床《かむどこ》に休んでいるとき、その胸さきにあたり、彼は死ぬ。

ワカヒコのために喪屋《もや》が作られ、ワカヒコの妻子眷属《けんぞく》たちがつどい、河鴈《かわがり》、鷺《さぎ》、翠鳥《そにどり》、雀、雉などの鳥たちが葬列の諸役となり、八日八夜も歌舞をおこなった。

このとき、妻のシタテルヒメの兄のアジスキタカヒコネが弔問に来たが、ワカヒコの天上の眷属たちは、ワカヒコに生き写しなので、ワカヒコが復活したと間違え、手足に取りついた。アジスキは、穢れた死人といっしょにする気かと怒り、剣で喪屋を切り伏せ、足で蹴飛ばしたところ、美濃の喪山となった。アジスキが怒って飛び去る姿を、妹のシタテルヒメが、「天なるや　弟棚機《おとたなばた》の　うながせる　玉のみすまる　みすまるに　穴玉《あなたま》はや……み谷二渡《ふたわた》らす　あぢしきたかひこねの神ぞ」と歌った。この歌はヒナブリという。

この愉快な説話は民譚起源のものである。その証拠として、登場人物のなかに民譚の主人公の名が出てくる。

主人公のアメワカヒコは、『宇津保物語』『梁塵秘抄』など平安の文芸に、また中世の『お伽草子』『天稚彦物語《あめわかひこ》』などに、アメワカミコという名で出てくる。音楽を好む美童で、下界の女性を妻問う、若い妖精のような男神である。アメノサグメは、後世の民譚に、アマノジャク、アマンシャグメなどという名で出てくる存在で、つねに神や英雄の仕事を妨害し、反抗する妖怪的存在である。

この歌物語が、一種の歌舞劇の台本ではないかということは、全体の構成からもいえる。『日本書紀』では、ヒナブリの歌は、喪に会した人びとが合唱したことになっている。

新嘗の神床に臥せているワカヒコが返し矢で殺され、その喪屋にワカヒコに似たアジスキが登場することは、もともと新嘗の祭りにおいて、若い神の死と復活を表わす祭儀劇、神楽《かぐら》があり、この意味が不明になって、ふたりの異なった人物の登場として解釈されて出てきた話であるらしい。ヒナブリの歌の末尾にある「み谷二渡らす あぢしきたかひこね」の句は、いくつもの谷をまたがる長大な蛇体の神であるアジスキを讃えた詞であることは、折口信夫が推定している。喪屋にこもる死んだワカヒコが、いわばアジスキとして復活し、蛇体の異形身を現じるのである。

53 タケミカヅチ

国譲り神話で活躍するわけ

タケミカヅチは、国譲り神話や神武東征説話では、大功をたてた存在として語られている。『古事記』の国譲り神話では、この神とアメノトリフネとが天神の使者として出雲に派遣され、オオナムチ一族と談判・交渉している。

ここではこの神はイナサの小浜に降って、剣を浪の穂に逆さまに突き立て、その剣《けん》尖《さき》の上にあぐらをかいて、神威のほどを示している。またオオナムチの子タケミナカタの挑戦をも、力ずくで打ち勝ったのも、この神であった。

『日本書紀』では、この神とフツヌシとが派遣されているが、最初、フツヌシだけが派遣されることになったのを、この神が慷慨《こうがい》して、自ら志願したので遣わすことになったという。神武東征では、『古事記』によると、天皇の軍が熊野村において、熊に化した邪神のために失神したのを、この神が天神の意を受けて霊剣フツノミタマを投げ落とすことになっている。そのときこの神は、アマテラスとタカミムスビの二神の命により自ら天降ることになっていたのを、この平国《くにむけ》の横刀《たち》を、代わりに降したという。

この神の活躍はめざましい。この神の誕生は、『古事記』にものものしく語られている。イザナキが火神カグツチの頸を斬ったとき、刀のもとについた血が岩石にほとばしって、生まれた神で、別名をタケフツノカミ、あるいはトヨフツノカミとも呼ばれた。フツは、剣で切る音の形容とも、鎮魂《たまふり》のフルという語と同義の、魂を招き入れる語であろうともいわれる。

この神がタケフツともトヨフツとも呼ばれ、また霊剣フツノミタマを持つ存在であることは、この神自身霊剣の神格化ではないかと考えられる。フツヌシも、後述するように、霊剣の神格化であるから、タケミカツチとフツヌシは、内性上も深く結びついた神なのである。

この神が、これほど神代史に重んじられたのは、じつは中臣氏の氏神であったからである。常陸の鹿島神宮の祭神である。中臣氏は、六、七世紀ごろから中央政界に台頭してきたが、上田正昭もいうように、その頃の政治的・社会的勢力が、神話のうえに反映したのである。『常陸国風土記』では、鹿島の地は神郡と呼ばれ、中臣氏が管轄し、中臣部やト部などが居住していたことが記されている。この書では、タケミカツチという名ではなく香島《かしま》（鹿島）大神とのみ呼ばれ、天地草昧以前に、八百万《やおよろず》の神が高天原《たかまのはら》に集まったとき、諸祖神に命じられて天降って来た神と記されている。国譲りのとき出雲に天降ったのではない。この神は常陸国に単独で天降った天神なのであろうが、出雲神話の国譲りの話のなかに、使者として割りこまされたのであろう。『古語拾遺』ではフツヌシを下総の香取神宮にいます神としている。この神宮もじつは鹿島とならんで中臣氏の氏神であり、八世紀の奈良時代には奈良の春日神社に合祀された。天武以後の修史事業に、中臣氏が大いにかかわっていたらしいことは、いろいろな徴証がある。

54

フツヌシ

ほんとうは物部氏の氏神か

フツヌシ・ワカフツヌシなどという神名が、『出雲風土記』に盛んに出てきて、オオナムチの御子のひとりとされている。

近世の多くの国学者は、国譲りの神話に出てくる天神のフツヌシとの同名異神だとしている。しかし、はたしてそうであろうか。

国譲りにおけるフツヌシも、ひどく影が薄い存在である。『古事記』にはこの神は現われず、この代わりにアメノトリフネが登場しているし、『日本書紀』では、この神は登場するが、タケミカツチばかりが大活躍する。

しかし、『出雲国造神賀詞《いずものくにのみやつこのかむよごと》』では、この神は出雲国造の祖先のアメノヒナドリとともに、オオナムチを媚び鎮めた功績者となっている。

出雲側でも、大和側でも、この神が国譲りに登場するのは、公認された伝承であったにちがいない。

この国譲りのフツヌシについて、『古語拾遺』では、鹿島神宮とならんで東国の中臣の氏神である香取神宮の神だとされている。『日本書紀』でも、この神は斎主神《いわいぬしのかみ》という名で、香取の地に鎮座すると記されているからである。

してみると、国譲りにおけるフツヌシの登場も、タケミカツチの場合と同じく、中臣氏のこの伝承における介入を表わすようにみえるが、じつはそうではない。中臣氏の香取神宮以外にも、この神をまつる社は、諸国に数多くあった。フツヌシという神は、もともと中臣氏や出雲氏とは関係ない。じつは物部氏の奉じた霊剣フツノミタマの神格化なのである。

記紀の神武東征譚で、熊野の土豪タカクラジによって神武天皇に献上され、天皇の軍を蘇生させたという起死回生の霊剣がフツノミタマであった。この霊剣の神格化したものが大和の石上神宮の祭神フツノ大神であり、またその別名をフツヌシノ剣の大神という、と『旧事本紀』には記されている。

『肥前風土記』に、物部フツヌシノ神のために物部若宮部《もののべのわかみやべ》が社を建てたと記されている。物部氏とフツヌシとの関係は明白である。直木孝次郎も論じているように、物部氏は五、六世紀の頃、大和朝廷の軍事・警察方面を担当し、モノノフの軍団を率いて各地を征討した。そのとき「平国剣《くにむけのたち》」すなわち国土鎮定の呪宝として奉じていたのが、フツノミタマであり、これを神格化したのがフツヌシであった。

　このフツノミタマは決して固有名詞ではなく、鎮魂《たまふり》の霊剣の普通名詞であり、いくつあってもよいもので、物部氏は征討した地に、これをまつったのである。

　またこの神が、『出雲風土記』で、オオナムチの子として出ているのは、その神の崇拝の出雲土着が古かったため、オオナムチの信仰圏に包摂してしまった結果である。

55 物部氏

出雲介入は史実か

神代の巻以外の記紀の物語にも、出雲は大和朝廷との政治的交渉関係において盛んに出てくるが、しばしば物部氏が顔を出している。

『日本書紀』の崇神紀に、アメノヒナドリがもって来たという出雲国造家の神宝をめぐってその一族内の争いと朝廷の介入が記される。天皇の命により、物部氏の一族矢田部造《やたべのみやつこ》の祖先タケモロスミが出雲に出かけ、家伝の神宝を献上させようとするが、その族長のフルネが九州に行って不在だったので、弟のイイリネが献上した。後日帰って来たフルネは弟の専断を怒り、弟を淵に誘い、弟の真大刀《まだち》と自分の木大刀をすりかえ、真大刀で弟にいどみ、これを斬殺した。このとき時人《ときのひと》が、

やくも立つ　出雲建《いずもたける》が　佩《は》ける大刀

つづらさは巻き　さ身無しに　あはれ

と歌ったという。類話が『古事記』のヤマトタケルの出雲タケル征伐にも語られ、歌

もほぼ同じである。出雲タケルとは要するに「出雲の首長」すなわち出雲国造をさす称号らしい。

つぎの垂仁紀でも、天皇が物部十千根大連《とちねおおむらじ》に命じ出雲の神宝を、検校《しらべかんが》えさせ献上させている。出雲国造の神宝はどれだけあったかわからないが、その徴収に物部氏がそのつど介在したということは、おそらくなんらかの史実が反映している。物部氏の石上《いそのかみ》神宮の宝庫には、地方の豪族から徴収した莫大《ばくだい》な神宝・兵杖の類があった。スサノオの大蛇《おろち》殺しの剣も、ここに納まると『日本書紀』では伝える。新羅王子アメノヒボコの神宝を、垂仁天皇が召し上げようとしたという、垂仁紀の説話に窺われるように、朝廷では、土豪たちの神器を取り上げ、その神的権威の失墜をはかった。そしてその征討にひと役買った物部氏にその徴収と管理を委せたのであろう。

出雲に物部氏がたしかにいたことは、『出雲風土記』や『出雲国大税賑給歴名帳《しんごうれきめいちょう》』などに、出雲郡や神門郡に、物部、物部臣などを名乗る人名が記されることでもわかる。物部の部下や部民であったものの子孫であろう。

出雲側の伝承にみられる、フツヌシ・ワカフツヌシをオオナムチの子だとするのは、物部氏が出雲に入りこんだ時期が古かったから、オオナムチの信仰に包摂されたのである。

ヒナドリとフツヌシによるオオナムチの国譲りの話は、この物部氏のバックアップによる出雲一族の杵築のオオナムチ祭祀権の掌握の由来を、神話的に物語ったものである。

その時期は、たぶん物部氏が中央政界で軍事・警察権を握っていた五、六世紀の頃であろう。用明朝（五八七年）に、物部氏が蘇我氏に滅ぼされ、中央政界を退いてから、地方の多くの物部の分族も没落・衰退し、奉じていたフツノミタマの祭祀なども中臣氏などに奪われたのである。

56 コトシロヌシ

なぜ美保の海中に隠れたのか

国譲りの神話では、オオナムチの長子のコトシロヌシが父神に代わって意見を述べ、それによってオオナムチの国土奉献が決まるのである。

天つ神の使のアメノトリフネ(記)、ないしイナセハギ(紀)がコトシロヌシの意見をきくため、熊野諸手船《もろたぶね》、一名天鳩船《あめのはとふね》(紀)に乗って、出雲の美保の岬で釣りをしている彼のもとに出かけた。コトシロヌシは父神に向かい、天つ神の御子(皇孫)に国土を献上なさいとすすめ、自分の船を踏み傾け、海中に青柴垣《あおふしがき》を作り、天《あめ》の逆手《さかで》というノロイの拍手をして、その中に隠れ去ったという。

このコトシロヌシは、どうしたわけか、『出雲風土記』にも『延喜式』にも、その崇拝や伝承が出雲では見当たらない。彼が海中に隠れ去ったという美保も、別のオオナムチの子ミホススミの鎮座地となっていて、コトシロヌシとは関係がない。

コトシロヌシ(ヤエコトシロヌシ)の故郷は、出雲ではなく、じつは大和の葛城のカモの託宣の神なのであった。この山の託宣神がなぜ遠い出雲の美保の海岸で漁《すなど》りをしたり、海中に消え去ったという話ができたのであろうか。従来の説では、これは中央の作り話であると片づけてしまったが、そんな説明で足りるであろうか。

私は、コトシロ、コトシロヌシという名は、もともと託宣に関係ある普通名詞と考えている。『延喜式』や『新撰姓氏録』には、アメノコトシロだの、クニノコトシロだのと、いろいろなコトシロ・コトシロヌシの名が見える。

『日本書紀』に、神功皇后に憑《の》り移った神の名にも、イツノコトシロヌシの名があったし、また壬申《じんしん》の乱のとき、高市県主許梅《たけちのあがたぬしこめ》に神懸《が》かりして託宣を下したのも、コトシロヌシであった。顕宗紀《けんそうき》に、日と月の神が阿閉臣《あべのおみ》コトシロという人物に託宣を授けている。

コトシロとは託宣をおこなうヨリマシをさし、コトシロヌシはその機能の神格化であろう。オオナムチの代わりに、コトシロヌシが返事をしたというのは、オオナムチがヨリマシを通じて託宣をしたことの神話的表現であろう。

コトシロヌシの故事によったと伝えて、美保神社では、今でも有名な青柴垣の神事が、毎年四月におこなわれる。

二そうの神船を青柴垣で飾り、これに精進潔斎した頭人《とうにん》とその妻の小忌人《おみびと》を乗せ、船を沖合から浜辺まで曳航し、神前まで迎える行事である。もともと神霊を海上から迎える行事であった。十二月にも諸手船の神事があり、二そうのくり船の競走の行事である。これらの祭りは、海上から神霊を迎え、その呪言《じゅごん》をきくという神事で、カモのコトシロヌシとは関係なかったが、その縁起譚として、オオナムチの子の美保の神が、コトシロを通じてオオナムチの意志を伝えたという神話があって、これが大和朝廷に取り上げられて、葛城の託宣神にきりかえられたのであろう。

57

ミワの神・カモの神

出雲系とされたのはなぜか

三輪山を神体山とする大神《おおみわ》神社のオオモノヌシと、葛城山麓《かつらぎさんろく》のカモの神々とは、もともと大和固有の国つ神で、出雲のオオナムチとは無関係であった。記紀の崇神の巻に見えるオオモノヌシをめぐるいくつかの神婚譚や、神武の后妃イスケヨリヒメの出自を語る神婚譚では、出雲との関係はまったく語られない。

ところが、記紀の出雲神話の部分となると、これらのミワ、カモの神が、盛んに出雲のオオナムチと結びつき、オオナムチの御子として、あるいは同類神として活躍している。『日本書紀』の一書では、オオモノヌシは、オオナムチの別名とされている。

カモの神々とは、『延喜式』の葛上郡《かつじょう》の条《くだり》に、コトシロヌシをまつる鴨都波八重事代主命《かもつはやえことしろぬしのみこと》神社や、アジスキタカヒコネをまつる高鴨阿知須岐託彦根命《たかかもあじすきたかひこねのみこと》神社などが記されているのがそれであるが、コトシロヌシは前に述べたように、美保の海中に隠れ去ったとされ、アジスキは、アメワカヒコの神話に出てくるオオナムチの子である。

『日本書紀』の一書によると、国譲りののち、オオモノヌシとコトシロヌシとが、神々を天高市《あめのたけち》に集め、天孫に帰順を誓ったので、タカミムスビがオオモノヌシに娘のミホツヒメをめあわせ、皇室の守り神としたという。

ミワやカモの神が、オオナムチの眷属とされたのが、もし記紀だけの現象なら、これを大和朝廷側の造作だと決めてもよさそうであるが、じつは出雲側の資料である『出雲国造神賀詞《いずものくにのみやつこのかむよごと》』でもそうなっているのである。

そこでは、オオナムチが隠退するにあたって、己れの和魂《にぎみたま》を鏡につけ、三輪のカンナビに鎮め、また御子のアジスキ、コトシロヌシ、カヤナルミを、それぞれ葛城の鴨《かも》、宇奈堤《うなで》、飛鳥《あすか》に鎮め、皇室の守り神としたと語る。

このようなミワやカモの出雲化は、わたしはたぶん前に述べた出雲系巫覡らの地方宣教による出雲信仰圏の拡大と、それに伴う大和土着の神々の「オオナムチ教化」によるものと考えている。『旧事本紀』によれば、ミワの司祭家であった大神氏の系譜として、先祖のオオタタネコは、出雲臣の同族の神門臣《かむとのおみ》の娘ミケヒメを妻としているし、十世の孫のオオミケモチは出雲のクラヤマツミヒメを妻としている。かつて出雲勢力がこの家系に入りこんできたことの反映であろう。三輪山のふもとに出雲ノ庄という地名が古くからあることや、大神神社の摂社の狭井神社が、古来薬法の神とされ、疫病鎮圧を祈る神とされていることも、オオナムチ教の医療・禁厭の法との関連を偲《しの》ばせる。アジスキなどは、葛城の神でありながら出雲にも神社があったり、神戸があったり、その伝承が『出雲風土記』に語られたりしている。これも同じ「オオナムチ教化」なのである。

58

タケミナカタ

タケミカヅチとの力競べの場所はどこか

タケミカヅチがオオナムチに国土の献上を承認させたとき、オオナムチの子で剛力のタケミナカタが現われ、力競べをいどんだ。タケミナカタが相手の腕をつかむと、タケミカヅチの手は氷や剣に変じた。驚いたタケミナカタの腕を、タケミカヅチはつかんで引き抜き、投げすてた。これはかなわぬと逃げ出したのを、はるばると信州の諏訪湖まで追いつめ、タケミナカタは、この地からいっさい外に出ないことを誓い、赦された。タケミカヅチは出雲に帰りオオナムチを隠退させたという。

この話は『古事記』だけにあって『日本書紀』にも『出雲風土記』にも見えない。タケミナカタは諏訪神社の祭神で、有名な武神であったが、出雲とはまったく無縁の神であった。この話は、タケミカヅチの神威を称揚せんがために挿入された番外の説話である。

この相撲《すもう》の話のもとの素材は、水の精霊と諏訪大神との格闘の話であろう。

タケミナカタの腕を引き抜いた話は、おそらく後世の「河童のわび証文《じょうもん》」という伝説と同型の話で、水の精霊である河童が水中から出て来て、人に相撲をいどみ、腕を引き抜かれ、二度といたずらをしないと誓って赦されるという筋である。

おそらく諏訪の地で神事相撲の縁起として語られていたものが、のちに宮廷神話のなかに取り入れられ、出雲の国譲りの物語のエピソードとして付け加えられ、勝者がタケミカツチ、敗者が諏訪の神タケミナカタというかたちとされたのである。おそらくその諏訪における話の原型は、タケミナカタがこの地に乗りこんだとき、先住の水の精霊を打ち負かし、服従させる話であったと思われる。

中世にできた『諏訪大明神画詞』によると、諏訪明神タケミナカタが、この地に来たのは、敗北して命からがら逃げ出して来たのではなく、むしろ勝利者・征服者として営々とその地に乗りこみ、先住の幾多の地主の神や水の精霊、たとえば守矢《もりや》の神や手長・足長などを打ち負かし、服従させたということになっている。これこそ古い諏訪の社の鎮座縁起であろう。今でも、手長神社、足長神社、守屋山などがある。

『古事記』では、伝承の中味をすりかえ、タケミナカタを逆に敗北者に、またこの説話と無関係なタケミカツチを無理に引っぱり出して勝利者にすえたのである。タケミカツチを奉じる中臣氏が、七、八世紀の頃東北の蝦夷族鎮撫のための要衝であった諏訪の地の、著名な武神タケミナカタを引き合いに出し、己れの神の神威のほうをもち上げるために、こうした歪曲《わいきょく》をおこなったのである。

タケミナカタが二度と国外に出ないと誓って赦されたという筋は、藤森栄一も説くように、諏訪の最高神職大祝《おおほうり》が諏訪以外には出てはならないという家伝のタブーがあって、これを中央で逆に利用したのである。

59 三輪の大神氏

渡来人ゆかりの陶人出身か

三輪山のオオモノヌシをめぐるいくつかの神婚説話が記紀に語られ、ことに『日本書紀』の崇神紀に見える、皇女ヤマトトトヒモモソヒメとの神秘な結婚の物語は、「箸墓《はしはか》」の由来として名高く、古代の大和朝廷と、この三輪山の神との結びつきを物語るものとされている。

実際に、崇神より仲哀までの初期の天皇は、記紀では、多く三輪山ふきんに皇居をもち、また陵墓をもったと記されており、ミワの神との結びつきを表わすようにみえる。これを上田正昭、岡田精司、吉井巌その他の諸氏が三輪王朝と名づけるのももっともである。

ところが『古事記』には、同じ崇神朝のこととして、別系統の神婚譚がある。三輪の祭司氏族大神《おおみわ》氏（三輪君）の祖オオタタネコの出自譚である。

その筋は、河内のスエツミミの娘イクタマヨリビメのもとに、夜ごとに男が通い、妊娠する。男の正体を見きわめるため、麻糸を通した針を、男の衣にさし、翌朝糸を辿って行ったところ、三輪山の神の社に留まった。そこで夜ばい男は三輪の神であることがわかった。この神の裔がオオタタネコである。オオモノヌシのたたりで疫病が流行したので、天皇が、この神の祭祀をする人物を探し求めたところ、この人物の登場がある。

オオタタネコは、『古事記』では河内の美努村《みぬのむら》、『日本書紀』では、茅渟県《ちぬのあがた》（和泉）の陶邑《すえのむら》の出身である。いずれも後世の陶器の製作がおこなわれた地であり、朝鮮からの渡来者の多い地方であった。イクタマヨリビメの母はスエツミミ、すなわち陶人《すえびと》の有力者の娘であった。

『古事記』のイクタマヨリビメの神婚に見られる「オダマキ型」あるいは「糸巻き型」の説話は、朝鮮、旧満州（中国東北地区）、中国、安南などに分布し、多くの場合、王朝の始祖の英雄の出生伝説となっていることは、多くの学者の明らかにしたところである。清の太祖の伝説はもっとも有名である。日本でも豊後の緒方《おがた》三郎の伝説など有名である。みな夜ばい男の素性を知ろうとして男の衣に針で糸を縫いつけ、跡をたどると、男の正体は動物であったという筋である。

わたしはオオタタネコを出自とする大神氏は、元来朝鮮半島からの渡来人か、それにゆかりの深い陶器制作の工人出身の、河内方面にいた豪族で、自家の尊貴性を主張し、崇神王朝（三輪王朝）以後の、いったん絶えたミワの神の祭祀権を掌握しようとして、こうした大陸伝来の神裔説をみずから唱えたのであり、その大和進出とミワの祭祀権樹立は、応神・仁徳の、いわゆる河内王朝（難波王朝、応神王朝）以後、五世紀以後のことであろうと考えている。吉井巖も、ほぼ同様な説を述べている。葛城のカモの神々を奉じるカモ氏も、同族とされるのは、この祭祀権を掌握したからであろう。

60 出雲国造の神賀詞

その意味と機能は何か

出雲国造の神賀詞《かむよごと》奏上とは、新しい国造が就任したとき（これを世継ぎという）、一族百余人とともに大挙上京し、かずかずの神宝や幣物《そなえもの》の献上とともに、天皇の御寿《みいのち》の長久と回春《わかがえり》とを祈る呪詞である。『貞観儀式』や『延喜式』によると、朝廷の補任《ぶにん》式《しき》に、新国造が上京して、位記（辞令）を授けられたのち、いったん国造は国に帰り、一年間斎館《さいかん》で物忌《ものいみ》をしたのち、一族を率いて上京し、この神賀詞を奏上した。そのさい、おびただしい量の水晶やメノウなどの玉、それに剣、鏡、布、白馬、鵠《くぐい》（白鳥）などを献上した。この奏上式は前後で二度おこなわれ最初の奏上が終わると、国造らは一旦出雲に帰り、ふたたび一年間の物忌をして上洛し、前回と同じ神賀詞と神宝とを献るのである。

この神賀詞は、記紀の国譲り神話に近い内容の説話を伝える。それには、国造の祖アメノホヒが、天孫降臨に先だって国見をおこない、現状を報告し、御子のヒナドリにフツヌシを副将として遣わし、オオナムチを媚《こ》び鎮め、国土を献上させたという。そこでオオナムチは隠退に当たって、自分の和魂《にぎみたま》を鏡につけ、オオモノヌシという名で、三輪山に鎮め、御子のアジスキ、コトシロヌシ、カヤナルミなどの御魂を、それぞれ葛城《かつらぎ》、雲梯《うなで》、飛鳥などのカムナビ（神のこもる山）に鎮め、みずからは杵築宮《きずきのみや》（出雲大社）に鎮まったという。またこの由来によって、これら玉、剣、鏡などの神宝の献上がおこなわれ、その呪能によって天皇の御寿《みいのち》が長久となり若がえりすることが述べられている。最後に、その若がえりの呪文が唱えられている。『旧事本紀』に見える、物部氏の祖神ニギハヤヒが、天から持って来た鎮魂《たまふり》の呪宝、十種《とくさ》の天璽瑞宝《あまつしるしみずたから》（これも鏡、剣、玉、布の四種）を、唱えごとをして、ゆらゆらと打ち振ると、死人も蘇生したので、これを天皇におこなうことにより、鎮魂祭《ちんこんさい》が始まったという説話が思い浮かべられる。出雲国造の献上する神宝も、天皇の御魂《みたま》の更新・強化のための鎮魂の呪物であろう。白馬・白鳥の献上は出雲独自のもので、やはり鎮魂と関係がある。

私は、この式は、元来国造自身がその世継《よつ》ぎのとき、己れの鎮魂《たまふり》のため用いた呪術から出、のちに天皇に対する服属・奉祝の儀礼に転化したものと考えている。ちょうど物部氏が己れの神宝をもって自家の鎮魂に用いた方式を、宮廷にもちこみ、宮廷の鎮魂《たまふり》祭での天皇の鎮魂の方式が始まったのと似ている。

たぶんその伝承の古いかたちとしては、アメノホヒの命によりヒナドリが神宝を持って天降り、国造の祖先になったと物語られ、その神宝を子孫が承け継いで、代々の国造の回春の儀礼が始まったと語ったのであろう。

のちに神宝を天皇に献上し、その呪文を天皇に用いることになったため、筋があいまいで一貫しないかたちとなった。神宝も古くは伝世の家宝であったが、古い神宝はすでに召し上げられていたから、代々新造の品を献上するかたちになったのであろう。

61 神賀詞奏上

出雲側の売りこみ戦術か

この神賀詞《かむよごと》奏上という大がかりな行事は、天皇・皇室に対する一種の服属儀礼であったことは確かである。

わたしは、この動機は、朝廷から圧しつけられたというよりは、出雲国造側から逆に売りこんだことにあると考えている。つまり、国造家がこの自家の祖先の手柄話を、なんとか朝廷に売りこんで、宮廷神話の体系や皇祖神の系譜のなかに組み入れてもらい、自家の社会的地位の上昇と安定をねらった苦肉の策であろうと考えるのである。

こうした自家の神話の売りこみと、それによる、自家の宮廷の地位の向上ということは、当時のどの豪族にとっても最大の関心事であったが、これを成功させるには、一般にいろいろな方法があった。

その豪族の女子を、天皇の后妃として差し出し、外戚氏となることはいちばん効果的な方法だが、それはなかなか困難なことであった。人質として差し出す采女などを通じて己れの伝承を売りこむこともあったであろう。

大嘗祭などの王権祭式に、いろいろな儀式上の役を分担したり、自家の古い芸能などを奉納して、その由来話を一種の服属譚というかたちにしたてることもあった。大嘗祭に、中臣が天神寿詞《あまつかみのよごと》を奏し、忌部が神器をささげ、大伴が久米舞を演じるなど、そうした服属儀礼である。天孫降臨や神武東征などの説話が、これら大嘗祭の諸氏の分担と結びついていることは、多くの学者が認証ずみである。

こうした諸役を分担し、天皇の大儀に参加できれば、もうしめたもので、その氏族は公認された「神代以来の名族」となる。

このほか、天武朝以降、引き続いておこなわれたらしい国史編纂《へんさん》の事業に、参画させられることも、自家の伝承の公認には有利であったと思われる。天武十年（六八二）には、上毛野《かみつけの》、忌部、阿曇《あずみ》、中臣などの諸氏に修史事業の参加が命じられ、また持統五年（六九一）には、そのためか、大神《おおみわ》、石上《いそのかみ》氏など十八氏が墓記を朝廷に提出させられている。

しかし、距離の遠い出雲の豪族には、このようなあらゆるチャンスは与えられなかった。出雲一国の支配権を握るばかりでなく、大きな出雲信仰圏の法王的存在でもある出雲国造としては、そうした冷飯《ひやめし》には堪えられなかった。

そこでバスに乗り遅れた国造家として、大奮発した出血的大サービスが、この神賀詞の奏上式なのであった。莫大な神宝および幣物の献上、それに天皇の御寿の長久を祈る呪詞の奏上など、大和朝廷にとっては、これほどうれしいものはない。そのヨゴトには国造《くにのみやつこ》の祖神ホヒと子のヒナドリが、オオナムチをなだめまつり、国土を献上させたという大功が述べられている。

この伝承の売りこみ運動だったのである。

62 出雲大社の造営

国譲りと関係あるのか

『古事記』の国譲りでは、オオナムチは隠退に当たって、天つ神の御子（天皇）の宮殿と同じ規模の大宮殿を造営してくれという条件を出し、これに基づいて神殿が造られたという。

『日本書紀』でも、タカミムスビがオオナムチに向かって、「汝の天《あめ》の日隅宮《ひすみのみや》は、長い栲縄《たくなわ》をいくえにも結んで作り、柱を高く、板を広く厚くせよ。神田《かむた》を授けよう。また汝が海に遊ぶ道具として、高橋・浮橋、天鳥船《あめのとりふね》も作ろう。……また汝の祭祀はアメノホヒが掌ることになろう」といい、たいへんな気の遣いようである。

この「天日隅宮」とは、もちろん出雲大社（杵築大社）のことだ。この神のため橋や船が造られ、この神の祭祀が語られるのは、かつて大社がもっと海辺に接しており、そうした行事が海辺でおこなわれたことを示している。

出雲大社の社殿の造営の記事は、記紀にはなんども出てくる。『古事記』の垂仁記には、オオナムチが天皇の夢に現われ、「わが宮を天皇の御舎《みあらか》のように修理《つく》ってくれ」と教えたので、造営したという。

また『日本書紀』斎明天皇五年（六五九）でも、意宇郡のイフヤの社に凶事がおこったので、朝廷ではあわてて厳神《いつかしのかみ》の宮を修復したという記事がある。この厳神の宮については、近年これを杵築大社ではなく、意宇郡でおこった事件だから意宇郡の熊野神社のことだと説く説が出てきたが、わたしはやはりオオナムチの杵築大社のことだと考える。記紀の古典記録に、神の祟《たた》りにまつわる神社の造営記事は、この大社以外には見当たらない。しかも朝廷の費用で大々的に修復するような社殿が、当時の熊野神社にあったとは思えない。

実際に出雲大社は、古くから壮大な建物として知られ、平安の『口遊《くちずさみ》』（九七〇）には、「雲太、和二、京三」、つまり日本一の大きな建物はこの出雲大社で、これについで大和の東大寺大仏殿、三番目は京都の大極殿《だいごくでん》と歌われた。

社伝によると、現在の高さは八丈（二十四メートル）だが、古くは倍の十六丈あったといい、そのときの柱の建て方、組み方を画いた金輪《かなわ》造営図というのが残っている。福山敏男は、この復原図を作った。この社殿の高大さは、古くから知られていたから、この由来話として、記紀の国譲り神話ができたのである。しかし、これらはあくまで中央で作った出雲大社の由来なのであって、現地の出雲の風土伝承である『出雲風土記』には見えない。

ここではタカミムスビではなく、出雲の母祖神カミムスビが造営にあずかっている。同書楯縫郡の条では、カミムスビの命令で、天上の宮殿の規模になぞらえ造ったといい、同書出雲郡の条では、多くの神々が集まってこれを築いたという。ここでは国譲りのことにはいっさい触れられず、オミズヌの国引きののちのこととされている。社殿も、「天皇の宮殿」ではなく、カミムスビの天上の宮殿になぞらえたとされる。これが本来のかたちだろう。もとは国造りを終えたオオナムチのために、母神カミムスビが神殿を築いたというのであろう。カミムスビは御祖命《みおやのみこと》(母神)と呼ばれ、出雲地方の生成母神であった。

第6章

南方系渡来神話の謎

63 天孫降臨の地

日向の高千穂とはどこか

天孫降臨のおこなわれたという日向《ひむか》の高千穂が、現在のどこに当たるのかは、古くからしばしば問題となった。

そのもっとも代表的な候補地としての日向国臼杵郡の高千穂と、同じく日向国諸県郡の霧島山とのふたつは、神蹟《しんせき》争いの政治・社会問題にまでも発展したのである。

記紀の記載によって、その降臨の山の名称を見ると、筑紫の日向《ひむか》の高千穂のクシフルタケ（記）、日向のソの高千穂峯《たかちほのたけ》（書紀の本文）、日向のクシヒ高千穂峯《たかちほのたけ》（同一書の二）、日向のソの高千穂のクシヒ二上峰《ふたがみのみね》（同一書の四）、日向のソの高千穂添山峯《そおりのやまのたけ》（同一書の六）などと呼ばれている。その伝えごとに、山の名称が少しずつ異なるのは、それが特定の地名であるとするより、もともと神話上の架空の名ではないかと思わせるふしぶしがある。

この筑紫の日向が、南九州の日向国をさすとすれば、当時まだ未開・荒蕪の地で、異種族・夷人と見なされた熊曾《くまそ》・隼人《はやひと》の住む僻地に天降ったことになる。そんなことはありえないという考えから、北九州の若干の地、たとえば筑前の高祖山《たかす》などを、高千穂だとする説などもある。

しかし、神話の文面をすなおにながめるなら、これはやはり南九州の日向国（のちに大隈・薩摩二国が分立した）をさすことは明白である。ソだのアタだのアヒラだのという、実際の南九州の地名が盛んに出てくるからである。

この降臨の地のもっとも有力な候補地の、臼杵郡高千穂は、喜田貞吉も指摘したように、実際にこのミコトの古い降臨伝承があった。『釈日本紀』に引く『日向国風土記』逸文に、ホノニニギが天降ったとき、天地が暗かったので、稲の千穂《ちほ》を抜いて投げ散らしたところ、明るくなったという説話がある。

もうひとつの候補地霧島山は、諸県郡と大隅の噌唹郡にまたがる山で、その峰は東西二峰に分かれ、ソの二上峯《ふたがみのみね》というにふさわしい。『続日本紀』延暦七年の記事に、大隅の曽《そ》の峯で大噴火が起こったことが報じられている。これは霧島山のことであるが、これがソの高千穂峯でなかったとはいえない。現在では、その峯のひとつに高千穂峯があり、その向かい側に韓国岳《からくにだけ》がある。いっぽう、臼杵の高千穂町の近くにも、現在クシフルの峰とか高天の原、天の岩戸などがある。

しかし、天孫降臨神話そのものは、もともと稲の収穫祭新嘗祭《にいなめ》の縁起譚であり、ホノニニギの高千穂《たかちほ》への降臨は、稲の神霊が高く千々《ちぢ》に稔る稲穂の上に降下することの神話的表現にすぎない。もともと高千穂は固有名詞ではなかったのである。

この農耕神話が宮廷にとり入れられてから、朝鮮の建国神話のモチーフがこれをさらに彩った。ソホリの峯《たけ》のソホリは「都」を意味する韓語であるし、クシフルの名称も、たぶん首露王の降った亀旨峯《クシムル》からきたものであろう。

64 人間の死の起源

南方系「バナナ型」神話との共通性

天孫ホノニニギが日向の高千穂峯に天降って、カササの岬で美人に遇う。名を訊ねると、オオヤマツミの女《むすめ》でカムアタツヒメ、一名コノハナノサクヤビメであると答える。そこでその父オオヤマツミに婚を求めると父神は喜び、その姉イワナガヒメをそえて多くの献上物とともに奉った。

ところが姉は醜いので返され、妹のみが留められ婚する。オオヤマツミは姉娘の返されたのを恥じ、「イワナガヒメは、天神の御子の寿命が恒に石のように永遠につづくようにとの意味をこめ、コノハナノサクヤビメは、木の花の栄えるように栄えなさるようにという意味をこめて差し上げましたのに、姉娘ひとりを返されたからには、貴方さまの寿命は、木の花のようにはかないものとなりましょう」と申し上げた。

それ以来天皇の寿命は短くなったという。これは『古事記』の話であるが、『日本書紀』では、この話は、天皇の寿命の短命さの由来話ではなく、一般の人間の寿命が短いことの由来話となっており、イワナガヒメが恥じ恨んで、のろったことによるとされている。

後者の伝承のほうが、古いかたちであることは、類似のモチーフをもった「人間の死の起源」を語る神話が、東南アジア、インドネシア、ニューギニアなどに分布していることによってもわかる。すなわち、J・G・フレーザーなどが「バナナ型」と名づけた説話がそれである。

ところによっては、マレイ半島のメントラ族のように、「石」のモチーフの代わりに、死んでは復活する「月」のモチーフが出てきたり、「バナナ」の代わりに、北海道沙流《さる》アイヌの伝承に、「木」が登場したりすることもある。

しかし、一般的には、石に対して、バナナのような植物が対比され、それぞれ寿命の長久・堅固と、はかなさ、短さが象徴されている。松村武雄は、このバナナ型と日本のコノハナノサクヤビメ神話との共通性を指摘し、日本のそれの南方系であることを論じたし、また大林太良は、これがもともと東南アジアの古層栽培民の伝承であったと推定しているが、おそらく正しいと考えられる。

もともとこの神話の原像は、人間の体が水分を含んだやわらかな部分と、骨のようなかたい部分から成り立っていることを認め、前者を植物に、後者を石に、起源を求め、前者の部分が存在することを、短命の理由とするという人間観から出ている。ボルネオのヌガジュ・ダヤク族の伝承に、太古、ラニング・パハタラとその妻のアンディン・バンバンという神が創造神ラハータラの命を受け、土で人間の男女を造ったが、まだ骨や息《いき》ができていなかったので、石でこれをこしらえようと、夫は出かけて行った。留守中にペレスという神が来て、その話をきき、「そんなことをしたら人間は永久に生きて世界は人で一杯になる」と反対したので、アンディンは空気で息《いき》を作り、水で血を、木で骨を作った。のちに夫がもどって来て、髪、爪、歯だけはもって来た石で補った。爾来人間は死ぬことになったが、歯や爪だけは朽ちないという。

65

カムアタカシツヒメ

コノハナノサクヤビメとは別神か

『古事記』では、コノハナノサクヤビメは、一名カムアタツヒメといったという。『日本書紀』では、カムアタカシツヒメまたはトヨアタツヒメともいったと記される。いずれも同一人物の異名とされている。しかし、本来は別な人物であり、のちに同一視されたものらしい。

コノハナノサクヤという名は、文字どおり「樹々の花の咲くさま」を讃えた名で、説話的な名である。姉のイワナガが、「盤石の長久」を表わしたとすると、それと対照的な名として、意味がある。『古事記』のスサノオの子孫の系譜に、スサノオの子のヤシマシヌミがオオヤマツミの娘のコノハナノチルヒメをめとったと記されている。山の神の娘に、岩を表わす女神があり、樹々の花の栄え、散り落ちるさまを表わす女神があることとは、ひとつの自然神話である。これに対し、カムアタツヒメ、カムアタカシツヒメの名は、南九州のアタ（薩摩国阿多郡阿多郷）の地名とゆかりがある。カムとかトヨとかいうのは、「神聖」とか「栄える」とかいう意味の接頭語である。カシツのカシも、薩摩の地名だったらしい。要するに、この姫の名は、「阿多の神聖な貴女」を意味する。

この阿多地方は、有名な阿多隼人《あたのはやひと》の根拠地であった。隼人は古く日向、大隈、薩摩の南九州に住んでいた種族で、一般日本人とは違った「異風」をもつ人びととして知られていた。

皇孫ホノニニギが天降ったという日向のソの高千穂が、今の宮崎県の高千穂峡か、鹿児島県の霧島山であるかは、古くから議論の分かれるところであったが、いずれも隼人の根拠地であった。この地から『日本書紀』に「ソシシノムナクニ」つまり「荒涼たる不毛の国」といわれる地を通り、阿多の長屋のカササノミサキで、国主《くにぬし》のコトカツクニカツナギサに国土を献ぜられ、ここに住み、このアタツヒメを后妃とするのである。このヒメとの間にできた三人の子のうち、ホノスソリ、またはホデリは、阿多の隼人の祖であると記されている。どう見ても、このヒメは隼人族の女首長、もしくはその族祖としての女神の名であろう。

このヒメは、『日本書紀』によれば、波頭《なみがしら》の立つ海浜に御殿を建て、「手玉《てだま》もゆらに機織《はたお》る乙女」であったという。古代には水辺に機殿《はたどの》を設け、神祭にさいし、神衣《かむみそ》を織る風習があったことは、折口信夫もいろいろと考証している。このヒメはそうした巫女の印象がある。

また『日本書紀』の別伝では、このヒメが卜定田《うらえだ》（占いによって定めた田）をサナダ（神聖な稲田）と呼び、これで神酒を造り、またヌナタ（水田）の稲で神饌を作り、新嘗の祭りをおこなったという。この女性は新嘗にさいし、神田を占い定め、神饌・神酒を作り、神を迎える存在であった。

折口などもいうように、古代の新嘗祭では、家々で主婦ないし娘が祭主となって神を迎え、男たちは外に出はらっていたらしい。このヒメはそうした斎女としての面をもつ。

66

海幸・山幸神話1

隼人族の伝えた説話か

海幸・山幸の神話は、ホデリ（記）またはホノスソリ（紀）と、ホオリ（記）またはヒコホホデミ（記紀）の兄弟の物語である。

筋は兄弟がその道具を交換し、相手の猟場に出かけたが、弟が釣針を取られる。兄がもとの針を返せと責めるので、弟は海岸に行き、シオツチノ神によって竹かごに乗せられ、海の神の宮殿に行く。海神によって歓待され、海神の娘のトヨタマビメと婚し、三年間住む。のちに海神に事情を話し、タイの喉にあった針を返してもらい、呪文を教えられる。シオヒルタマ・シオミツタマをもらい受け、地上に帰る。呪文と珠で兄に報復する。兄は降伏し、弟の守護人《まもりびと》になって仕えると誓い、また水に溺れる所作を、弟の前で演じ、これが今にいたるまで演技としておこなわれているという。海幸彦の子孫が隼人、弟の子孫が皇室となったという。大嘗祭のとき、天皇の御前で演じられる隼人舞の内容であったらしい。

この話の類話が南太平洋の島々に分布していることは、エマヌエル・コスカン、松本信広、松村武雄をはじめ多くの内外の学者の注目したところである。インドネシアのケイ諸島の話に、昔、ヒアンとパルパラの兄弟がおり、弟が兄に釣針を借りて釣に出かけると、魚のために呑み取られる。ヒアンが失くした釣針を返せと迫るので、パルパラは海を探しまわり、喉を痛めた魚に出会う。喉を探ると針が出てきたので、還ってこれを兄に返し、復讐をする。セレベスのミナハッサに伝承する話でも、カヴアルサンという男が友人の釣針を借り、やはり魚に針を取られる。友人がもとの針を返せと責めるので、海にもぐり、海底の村に行く。一軒の家で乙女が喉にささった針で苦しんでいるので、彼はこれを引き抜いてやる。その両親からいろいろの贈物をもらい、魚に乗って岸に着き、大雨などで友人に復讐する。パラウ島にも類話がある。ここでは、その主人公が泉の辺に坐していると、乙女が水を汲みに来、家人に彼のことを知らせることまで、日本の話と似ている。

薩南の喜界島の昔話でも、類話がある。昔、一漁夫がやはり友人の釣縄を借りて流してしまい、責められて、水中に潜り、根の島につく。ある家の垣に失った釣縄が乾してある。根屋の神からこれを返してもらい、家に帰って、友に復讐するのである。

これらはみな海幸・山幸神話と共通点が多く、どう見ても、同一系統の説話である。

この型の説話の根底を示す思想は、動物はその本国においては人間の姿をとり、人間と同じ生活を送るが、ときどき人間の世界に動物の皮をかぶって出かけ、自分の肉を食糧として与える。人間はこれを殺すのはよいが、たんに傷つけたままで逃げられ、モリや針をつけたままになっていると、その動物は本国に帰り苦しむという考えであることは、松本信広も論じるところである。この話がインドネシアに多いことから、日本にこの話を伝えた隼人《はやひと》族をインドネシア系種族であろうという学者も多い。

67 海幸・山幸神話2

隼人舞との関係

この神話が、大嘗祭の卯の日の神事に奏せられる隼人の風俗歌舞と結びついていたらしいことは、海幸彦が弟に降伏するくだりをみればわかる。

『日本書紀』では、シオミツタマで溺れさせられたホノスソリは、弟に向かい「子々孫々貴方の家の護衛人となり、また俳優《わざおぎ》の民となろう」と誓い、裸体にフンドシをしめ、顔や手の平を赤く塗り、溺《おぼ》れたときの所作《しょさ》を演じて見せたという。そして、その溺れたときのあわてふためくさまのリアルな演技が画かれている。そして「それより今にいたるまで、かつて廃絶《やむこと》なし」と記されている。

大嘗祭における隼人舞の内容については、『延喜式』には、ただ楯の前に進み、手を拍って舞い歌うと記されているだけである。

同書では、その儀礼に用いる楯の上部には馬のたて髪を編みつけ、その表面には鉤《つりばり》の形の絵が赤と白の土および墨で画かれていた。本居宣長は、これを例の物語における釣針を表わしたものと推定している。近年平城宮趾の井の中からこの楯が出てきたことは知られている。ともあれ、この舞と海幸・山幸物語との関係は明白である。

隼人は、この卯の日の神事に、大嘗宮の開門と群官の参入のときは、独特な吠声を発した。これは犬の吠え声に似たものであった。『日本書紀』に、「諸々の隼人等、今に至るまで天皇の宮墻《みかき》のもとを離れず、吠ゆる犬に代りて事《つか》へ奉る者なり」と記されているのは、これを表わしている。

南九州から召し出された隼人は、隼人司《はやひとのつかさ》で歌舞儀礼の教習を受け、また宮廷の護衛や、宮中で用いる竹かごや竹笠などの竹細工をおこなっていた。小林行雄の研究によれば、宮廷の竹細工のほとんどが、隼人司の製作であろうという。大嘗祭でも、竹細工が氾濫するほど用いられたことは知られている。

天皇と神の供御《くご》に当てる御飯稲《おものいね》を納める目籠《めかご》や、大嘗宮の神座のかたわらにある和妙《にぎたえ》と荒妙《あらたえ》の神衣《しんい》を入れた細籠などから、種々の献上物を納めた籠などにいたるまで、じつに大量の竹細工が用いられている。

東南アジアのタイ、シアン、クメールなどの諸族は、竹細工に長じ、とくにその収穫祭には、竹籠に種モミを納め、稲魂をまつったり、竹籠に供物を入れ、竹竿にくくりつけ、初穂を結びつけたりしていることが、岩田慶治などにより紹介されている。

隼人族が竹細工に長じていたのは、本来それが南方系種族であったからであろう。彼らの郷土であった南九州では、竹細工が、今も盛んに作られている。海幸・山幸神話で、シオツチノ翁が投げた櫛から竹林が発生し、それで作った籠、マナシカツマで、ヒコホホデミは海中に往くという『日本書紀』の一伝がある。この竹籠の話は、隼人の伝承であったことの特徴を表わしている。たぶんその神事儀礼に用いられた道具であろう。

68 海幸・山幸神話3

海人族の宰領阿曇氏との関係

海幸・山幸神話のなかに、古代の海人族の伝承、およびその宰領《みこともち》であった阿曇《あずみ》(安曇)氏の伝承が含まれているということは、次田真幸や守屋俊彦などによって指摘されている。海人《あま》は、蜑《たん》、海人、海士、白水郎など、いろいろと記されるが、古い「魏志・倭人伝」に倭の水人として知られる漁民集団であった。彼らが潜水漁業に長じ、顔や体に入墨し、龍蛇崇拝や海神信仰をもっていたことも知られている。

山幸彦の赴いた海神の宮で、ヒメの名が豊玉姫、その父神の名が豊玉彦であることは、『日本書紀』にも明記されているが、『新撰姓氏録』によると、安曇氏の祖神は、ワタツミ豊玉彦と記されている。

この氏族の本拠地は、筑前志賀島であり、そこの志賀海神社は、彼らの氏神の豊玉彦や三柱のワタツミの神をまつっている。この分族の安曇氏が阿波の名方郡でまつった神社に、ワタツミ豊玉比売《とよたまひめ》神社があり、式内社となっていた。

海人族は、一面に隼人族と似たところがあったらしく、『肥前風土記』には、値嘉島海人について「この島の白水郎《あま》は、容貌隼人に似、恒に騎射を好み、その言語俗人に異なり」と記されていた。学者によっては、肥人《くまびと》も隼人《はやびと》も同じ海人族の一派だと説く人もいる。

阿曇氏がこの宰領家となったのは、『古事記』によれば、応神朝だという。全国の海人の取りしまり、およびその貢納物の管理、さらに水軍の長官として、大勢力を振るったのは、たぶん応神・仁徳朝であったろう。のちに履中期の叛乱に関与して、罰せられ、昔日の力を失ったが、なお天皇の食膳をあずかる内膳司《ないぜんし》に、高橋氏とならんで奉仕していた。大嘗祭の神饌《しんせん》の行事に、この阿曇氏が火を吹き、海産物を献ったことは知られている。

海幸・山幸神話における、シオミツ・シオヒルの玉も、安曇氏の伝承していたものである。『太平記』や『八幡愚童訓』などに伝える、神功皇后説話に出てくる、海神安曇磯良《あずみのいそら》のシオミツ・シオヒル玉などは、明らかな安曇氏の伝承である。

『日本書紀』の一書の伝えでは、海神は山幸彦を歓待し、海驢《みち》（アシカ）の皮の八重《やえ》畳《だたみ》の上に坐らせ、神饌を供したといい、また別の一書では、マドコオウフスマの上に坐らせたという。大嘗宮《だいじょうぐう》の神座には、御衾《おふすま》が敷かれ、八重畳が敷かれていたことは、

『延喜式』でも知られている。この神膳に奉仕する安曇氏の職掌が、そのまま神話に反映したものが、海幸・山幸神話における海神饗応の場である。

つまりこの祭式における阿曇氏の職掌由来譚がこの物語である。おそらく、隼人舞の由来としての兄弟の釣針交換説話に、同じ大嘗祭の由来譚としての阿曇の神膳奉仕の海宮神話が、結びついたのであろう。豊玉姫の産屋の神話なども、私はもしかすると阿曇系の伝承ではないかと考えている。

69

熊曾と隼人

同一種族か

隼人族の根拠地は、南九州の日向・大隅・薩摩(古くは日向一国であったが、奈良時代ごろ大隅と薩摩が分かれた)の地であったが、これと記紀にしばしば出てくる南九州の民族熊曾《くまそ》とは、同じであろうか、それとも異種族であろうか。

熊曾が登場するのは、景行天皇と仲哀天皇の条で、いずれも応神以前の王朝に属する。景行紀における、天皇に親征されたアツカヤ・セカヤ、皇子ヤマトタケルによって殺されたカワカミタケルの二兄弟、仲哀紀における熊曾なぞは、いずれもつねに叛き、征討される凶猛な存在として語られる。従順な隼人とは違う。

熊曾という名が神話に出てくるのは、『古事記』の国生み神話で、筑紫島(九州)を四つに分け、筑紫国、豊国、肥国、熊曾国だとし、位置からいっても南九州地方をさすらしい。

クマソという名称は、何か動物の熊を連想し、凶猛な感じを与えるが、じつは九州地方のクマとソの両地方の総称なのである。『豊後風土記』『肥前風土記』では、玖磨《くま》噌唹《そお》と記される。玖磨は肥後の球磨郡、噌唹は大隅の噌唹郡を表わしている。景行天皇に滅ぼされた熊曾の首長アツカヤ、セカヤの根拠地は、ソの国であったと記される。ソもソオも同じで、『続日本紀』に、隼人噌唹君多理志佐を、別の箇所で曾乃君多利《そのきみたり》志佐《しさ》と記しているのを見てもわかる。

景行紀十八年の条には、熊県《くまのあがた》にクマツヒコという名の兄弟がおり、兄のほうを帰順させ、弟を誅罰している。クマツヒコは、玖磨国の男子の意であろう。こうしてみると、クマソ（クマソオ）とは、おそらく皇化に浴しない時代の玖磨地方と曾（襲）地方との総称であった。

隼人は、『大宝令』の古記に、毛人《えみし》（蝦夷）とならんで、夷人と呼ばれているくらいで、野蛮視されていた。

また『大隅風土記』逸文に、クシラとかヒシというような隼人特有の俗語が記されていること、また『続日本紀』に、陸奥の蝦夷と大隅・薩摩の隼人らを征討したとき、訳語人《おさびと》、つまり通訳を使用したこと、また『旧事本紀』の国造本紀に、大隅、薩摩の国造として、曰佐《おさ》氏を任じたと記されていること、また『肥前風土記』に、値嘉島の海人を、この隼人と似て、言語は一般人と異なっていたと記されていることなどからみて、この隼人の言語は、ほかの地域の人びととはかなり異なっていたらしい。彼らの風習もきわめて特異なものだったらしいことは、朝廷に召され、大儀や行幸にさいし、犬の吠え声を発したり、大嘗祭などで風俗歌舞を演じたことでもわかる。隼人舞の内容はわからないが、海幸・山幸神話で、この隼人の祖先とされるホデリ、またはホノスソリが、フンドシをつけ、顔や手の平を赤く塗り、俳優《くまびと》のわざを演じたという話があるのをみると、そうした内容のものだったらしい。肥人については、どの程度かわからぬが、『万葉集』に、「肥人の額髪結へる染木綿《しめゆう》の、染みにし心われ忘れめや」とあるように、特異な結髪のふうで知られていた。

70

トヨタマビメ1

産屋の神話はどこからきたのか

山幸彦が地上に帰ったのち、やがてその妃のトヨタマビメも来て（『日本書紀』の一伝によると亀に乗り）、娠んだ御子を生むときがきたことを知らせ、海辺に産屋を建て、この中にこもり、夫には覗《のぞ》くことを禁じた。ミコトは、好奇心からこれを覗いたところ、ヒメは八尋《やひろ》の大鰐《おおわに》（『書紀』の一書では龍）と化している。

ヒメは正体を見られたのを恥じ、御子ウガヤフキアエズを残し（一伝では、マドコオウフスマおよび草《かや》で包んでなぎさに置き）、海坂《うなさか》を塞《ふさ》ぎ、海の国に帰ってしまった。

この話は、後世の伝説や昔話にみえる、「蛇女房」の型と同一である。すなわち、ある男が見知らぬ女を妻とするが、妻はやがてみごもる。産にあたって、妻は夫に産屋を窺い見るのを禁じるが、夫は好奇心で覗き見ると、妻は大蛇の姿となり、子を生んでいる。夫に正体を見られたのを恥じ、妻は子どもを残して去る。のちに子どもは偉人となり、名家を興すというのである。『田村のさうし』に見える中世の伝説では、産屋で母が大蛇の正体を見られ、立ち去り、赤児は後日俊仁将軍となるのである。

日本では、古くから産婦は生児とともに、一定期間産屋にこもり、忌に服したことはよく知られている。この間、男はいっさい立ち入るのを禁じるのである。この産屋の禁忌の習俗が、このようなモチーフを生んだことは確かである。しかし、産屋のタブーだけでは、この「蛇体の妻」のモチーフは解釈できない。ところが、こうした「産屋」のモチーフはないが、類似の「異形身の妻」「他界妻」の話が、欧亜に広く語られている。「メルシナ型」という説話がそれだ。

この名は、フランスのルシナン伯爵夫人の名であった。ある城主が一美女を見そめて求婚するが、女は彼女の裸体を見ないことを条件に、結婚を承諾する。ある日夫が禁を破り、妻の浴室を覗き見たところ、彼女が大蛇と化している。妻は去ってしまうが、残した子は、子孫を生み栄えたという。ヨーロッパでは、この女の正体は蛇体であったり、人魚形であったりして、異伝もいろいろと語られている。

中国では『捜神記』に江夏の黄氏の母や、清河の宋士宗の母の説話が、やはり入浴中を家人が覗き見ると、女はスッポンに化しており、正体を見られたことを恥じ、婚家を去るのである。洪邁の『夷堅志』にも、孫知県という男の妻の話として同様な蛇体の妻の話がある。

朝鮮の『高麗史』には、建国の祖王建の祖父作帝建《さくていけん》について、同様な説話が見える。龍宮に招かれ、龍女を娶り、郷里に帰るが、妻は己れの邸内に井戸をうがち、そこから実家の龍宮に往来した。夫はこれを覗くのを禁じられたが、一日禁を破って覗くと、妻は黄龍に変じていた。帰ってから龍女は去っていくのである。こうした話に産屋のタブーの思想がついたのが、日本の説話なのである。

71 トヨタマビメ2

トーテミズム社会との関係はあるか

メルシナ型の伝説で、この女性が蛇、人魚、スッポンなどの動物であったことは、古代のトーテミズムの信仰の存在を表わすという、ハートランドなどの解釈もある。日本の豊玉姫についても、また蛇女房などの、異類女房の昔話についても、これを、トーテミズムの秘儀から出た話であるとするのが、折口信夫、中山太郎、松村武雄などの主張であった。

古代には外婚制がおこなわれ、異なったトーテム氏族から妻として入りこんだ女性が、自分だけの部屋で、生家から伝えたトーテムの祭式をおこない、トーテム動物の扮態をとる。この秘儀を夫が覗き見るのはタブーであり、これをおかした場合、夫婦別れとなるという習慣があった。これが説話に反映したものだという考え方である。

この型の説話が、トーテミズム風な色彩をもつことは事実である。前述の『捜神記』の話でも、黄氏の家人は、代々スッポンの肉を食べないことにしたと語られ、その家の食制のタブーを語っている。トーテミズムの社会では、トーテム動物の肉をタブーとすることが多い。

しかし、この説話がはたして厳密なトーテミズムの信仰から出ているものかは、疑問である。

古代の神々が動物の形をとっていたり、その祭りにそうした扮装が現われたり、またその動物の肉がタブーとされていたりするふうは広いが、これらは、必ずしもトーテミズムとはいえない。たんなる動物崇拝、自然崇拝にもおこなわれていた。

トーテミズムについては、ゴールデンワイザー、エルキン、ラドクリフ・ブラウン、レヴィ・ストロースなど、多くの学者によって研究調査が進められた。そうした成果による定義・概念は、トーテミズムを、特種な世界観に基づく社会組織とすることである。

多くの氏族が、そのシンボルとしての紋章や名をもって区別され、またそれぞれ特定の動物の種属と結びつくと信じられ、両者が共通の祖先をもち、共生関係をもつと信じられている。したがって、その氏族は自分に属するトーテム動物の繁殖を管理する責任と職掌をもつ。また氏族間に複雑な外婚的な婚姻制をとって、相互の社会の安定と繁栄をはかる。こんな社会がトーテミズムの社会である。しかし、日本にはそうした制度があったという証拠はない。

神の正体を動物形として考えることは、記紀にも数多く見え、ワニの形の海神、猪や熊の形の山神、蛇体の雷神など、枚挙に暇がない。後世のフォークロアでも、狼、狐、蛇、鶴、白鷺などを神の正体ないし使者とする信仰は多いし、そうした信仰を表わす神事儀礼は多い。しかし、日本ではこれらの動物種属一般の繁殖に対する特定氏族の責任管理などの制度はない。たとえば、蛇体として知られるオオモノヌシは、三輪山の特別に神経な蛇神にすぎないのであって、別に蛇属一般の統轄者ではない。したがって大神《おおみわ》氏は、別に蛇属一般の管理責任などないのである。いわんや外婚制などあるはずもなかった。

72

トヨタマビメ3

天皇家水徳の由来話か

豊玉姫・メルシナ型説話の特徴は、その他界妻の正体が、多くの場合、龍、蛇、ワニ、スッポン、鯉、人魚などと、不思議なことに、水棲の動物であることである。メルシナの水浴も、作帝建《さくていけん》の妻の龍女の井戸の話も、みな水との結びつきを示している。

私は、この説話の源流は、トーテミズムではなくて、古くオリエントを源流とし、東アジアや南アジアにもひろがった水霊崇拝、龍蛇信仰の秘儀から出たものであり、またこれと結びつく、王侯水徳の思想であると考える。

この型の説話の末尾に、この他界妻の子がのちに英雄・偉人となって、王侯の家や名家の創始者、先祖となるというモチーフとなっていることがほとんどの話の共通な筋であることは、注意しなければならない。

メルシナの話も、フランスの士侯の家の話だし、日本の豊玉姫は皇室、作帝建の話は高麗王家、というように、特別な家筋ばかりである。

高麗王家では、この龍女の血を引いている故に、代々その王族は腋《わき》に龍の鱗の形があったと伝えられる。日本でも、蛇妻や、またこれと逆の蛇の夫などの神婚譚により、代々家人が、そうした身体的特徴をもつと語る伝承は多い。三輪山伝説系の「蛇聟」説話では、蛇の夫が乙女のもとに妻問うのであるが、その子種を残された家筋では、代々、体に鱗や蛇の尾形、八重歯などがあると伝えられる。豊後の緒方三郎、越後の五十嵐小文治などの伝説は名高い。

蛇女房型に、蛇の鱗の話があるのは、越前の堀江七郎景重の伝説などがある。皇室の鱗の話などは、古典には見られないが、天文年間の『塵添壒嚢鈔《じんてんあいのうしょう》』には、応神天皇には龍尾があったという伝説が記されている。金関丈夫は、これを海人族の出身としての応神王朝の固有伝承であったと説いている。

アジアでは、王侯はしばしば龍蛇に比せられ、水徳を有し、龍神の裔とされた。王者は雨水の調節者として龍神を祭り、晴雨や水量によって豊凶の責任を有すると信じられた。その水徳を代々先祖から受け継いでいることを主張し、その由来を説明せんがために、こうした神婚譚が作り出されたのである。

王家と龍蛇との結びつきは、インド、ビルマ、安南、カンボディアなど、南アジアの諸族にも広く見出され、多く龍女と王朝の始祖の王子との神婚譚を語る。ビルマのメン・マオ国の話などは、豊玉姫の話と似た「見るなの禁」の話があり、男がこれをおかしたため、龍女は別れて去る。

高麗や日本の王家の神婚譚は、たぶん直接には、こうした南アジア系の龍蛇崇拝と関係があると思われる。「見るなの禁」をおかしての覗き見と女の正体の発見、それによる妻別れの話は、たぶん、こうした龍蛇神の秘儀を俗人が窺うのを禁じたタブーの由来話なのであろう。

73

日向三代の皇子

隼人族の英雄か

天孫ホノニニギ、その御子のヒコホホデミ、さらにその御子のウガヤフキアエズ、の三代は、ふつう「日向三代」といわれる。最後のウガヤから第一代の神武天皇が生まれるわけであるから、これらの三代の皇子たちは、もちろん皇室の祖先の英雄であるとされている。

しかし、この皇子たちの出身地、その居住地や墓地をよく見ると、どう見ても、隼人族と結びつけないわけにはいかない。

ホノニニギの天孫降臨も、一般に高天原神話のひとつとされるが、よくみると、南九州の隼人族の住む地の山に、日の御子のひとりが降り立ち、その地の土豪に国土を献じられ、隼人の女性首長ないし族祖の巫女をめとり、神裔を残したというかたちの説話にすぎない。ホノニニギの伝承が、大和宮廷の伝承ではなく、日向の風土伝承であったらしいことは、『釈日本紀』に引く『日向風土記』逸文に、日向国臼杵郡の知《ち》鋪《ほの》郷《さと》として記されている説話では、ホノニニギが日向の高千穂の二上峰に天降ったとき、天が暗く、昼夜の別がなくなったが、オオハシ、オハシというふたりの土蜘蛛《つちぐも》（土雲）の建言に従い、ミコトが稲の千穂を抜き、モミとなして、四方に投げ散らしたところ、天地がふたたび明るくなったという。

ホノニニギという名は、稲穂が赤らみ、にぎにぎしく稔《みの》るさまを表わす神名であるから、この説話にはふさわしい。この説話は高千穂の里という意味のチホという地名の起源説話である。

カササノミサキの場所は、現在わからないが、『書紀』の一伝では、ミコトはそこから長屋の竹島（薩摩の川辺郡竹島）に登り、その地を巡覧し、またカムアタツヒメと婚し、ヒメが産屋で御子たちを生んだが、竹刀《あおひえ》をもってその御子の臍の緒を切った。その棄てた竹刀が竹林となった地を竹屋（のちの薩摩川辺郡鷹屋）というと記される。

これらの御子たちの陵墓の記事が、『日本書紀』神代の巻および『延喜式』諸陵寮の部に見える。

ホノニニギは筑紫日向可愛《え》山《のやまの》陵《みささぎ》、ウガヤフキアエズは日向吾平山上陵《あひらやまのうえの》、ヒコホホデミは日向高屋山上陵《たかやのやまのえの》、とそれぞれ葬られたという。可愛山陵の位置は『倭名抄』にいう薩摩国頴娃《えの》郡（江乃郡）江娃《えの》の地、高屋山上陵の地は、大隅肝属郡鷹屋、もしくは薩摩阿多郡鷹屋かいずれかであるといわれる。吾平山上陵は、神武天皇の妃アヒラヒメのアヒラとも同じく、南九州の地名であった。『倭名抄』には、大隅の各地にアヒラという名が頻出する。

これらの地が今の鹿児島県のどこに当たるかなどは、さしたる問題ではない。要するにこれらのミコトたちの伝承が、奈良から平安にかけての現実の南九州の地名と結びついて語られていたという事実こそ重要である。これらのミコたちは、隼人の地に生まれ育ち、代々隼人の母をもち、また隼人の妻を迎え、この地に墓所をもった人物であったわけだから、正しく隼人族の出身である。彼らの伝えた英雄伝承が日向三代の神話であろう。

74 火の神の誕生

竹ベラと火中出産の意味するもの

『日本書紀』の一書の伝えによると、ホノニニギの后妃カムアタカシヅヒメ（カムアタツヒメ）は、一夜で娠んだのを、夫から疑われたのを恥じ恨んで、うつ室《むろ》の中にこもり、これに火を放って御子生みをおこなったが、そのとき竹刀《あおひえ》を持ってその御子の臍の緒を切った。その棄てた竹刀が竹林となったので、その地を竹屋と名づけたという。

この竹屋の地が、薩摩の阿多郡（のちに川辺郡に属した）の鷹屋の地であろうということは、古くから説かれているが、いずれにしても、この竹刀《あおひえ》、つまり竹べラの話は、南九州での実際の風習を反映しているようである。

この風習は、かつて沖縄、台湾、フィリピン、マレイなどに分布していた南方系の風習である。沖縄では、明治の初めごろまでは、その痕跡を残し、与世里盛春などによると、これを切る前に竹べらで臍の緒の三ヵ所にかたをつけ、のちに剃刀で切断したという。

このふうは、元来南方系の風習であるが、任東権によれば、韓国にもかつておこなわれ、臍の緒はふつう、歯や竹ベラなどで切り、金属は使わなかったが、最近では鋏《はさみ》を使うという。

このふうが、とくに隼人の風習として顕著であったが、神話に反映したのであろう。火を産屋に放って火の中で子を生む話は、よくわからない。京都府、福井県、八丈島、沖縄などに残る、産室にどんどん火を焚く風習（サンヤの火）や、古代に産屋を産後焼却する風習などで、説明する人がいるが、もう少し積極的な意味がありそうである。後世の火渡りの神事などにみるように、火の中を通過することによって、その心身の清浄さを立証するというふうが、実際に身持を疑われた妊婦の出産にあったとはいえない。

またこの話にみえる、火中からの三人の御子が「火」を名とする神だとされていることにも注意すべきであろう。

ウツムロにこもり、火をつけ、その火勢の強弱の状態に合わせて、ホデリ、ホノスソリ、ホオリの三人の火神が誕生するという話だとすれば、何かカマドの火を連想させるものがある。火中から火神が誕生する神話は、カグツチの神話もそうである。

また『古事記』の垂仁記における、皇子ホムチワケの誕生の話も、やはり火中出産の話である。サホヒメが稲城《いなぎ》にこもり、これに火をつけて、御子を生むのである。ホムチワケのホが火を表わす語であることも、注意すべきである。

ヒコホホデミの名は、火勢が弱まる意の「ホオリ」の別名とされるが、それはもともと書紀に「火火出見《ほほでみ》」と記されているような、火焔の出たさまを表わす名というのではなく、本居宣長などのいうように、稲の穂の出るさまを表わす神名なのであろう。オシホミミ、ホノニニギなどの名が、みな稲穂にゆかりの名であるのと関係があり、天皇家の祖先の名なのであろう。これと、たぶん南九州での火の神の誕生譚が結びついたのであろう。

75

日向神話

宮廷に採用されたのはいつか

ホノニニギの天降りと結婚、海幸・山幸、ウガヤフキアエズまでの日向神話は、ひと続きの皇孫の系譜にある説話であって、高天原の神々を語る高天原神話に、直接につながる物語である。その点は、出雲神話とは、性格が違うのである。

しかし、日向神話が、実際に南九州の風土的な伝承を数多く含んでおり、隼人族の伝承らしいものを含んでいるとすれば、どうしてこれが大和の天皇家の祖先譚というかたちで語られたのであろうか。またその時期はいつごろであろうか。

わたしはこの隼人族の祖先伝承を、宮廷神話に取り入れた時期は、比較的早く、五世紀の初めごろではないかと考えている。

隼人族を熊曾と呼んで、盛んに征討したと伝えられる時代が、景行や仲哀などの古王朝（三輪王朝）時代であるとされていることは、注意してよい。応神・仁徳の新王朝（河内王朝）には、もはや熊曾という名は見られない。履中のときの仲皇子の近習の隼人の話や、清寧のとき雄略天皇の御陵の側で、隼人が昼夜号泣して死んだ話などをみると、五世紀の初めごろから中ごろにかけて、天皇の近習として隼人が召されたことになっている。

仲哀天皇の熊曾征伐は、苦戦をきわめ、『日本書紀』では、天皇自身すら熊曾の矢で崩じたと伝えるほどであったが、それがいつのまにか天皇家に忠順な近習的存在となっているのである。たぶんこれは、応神・仁徳朝ごろの特別な懐柔政策が功を奏したのであろう。

記紀の応神の巻を見ると、日向の豪族の諸県君牛《もろがたのきみうし》という人物が、娘の髪長姫を応神に献っており、天皇は皇太子のオオサザキ（仁徳）に賜わっている。また帝自身の妃として、日向泉長媛の名があげられ、二皇子が生まれたことを記す。

応神・仁徳朝の史実性については、多くの学者が容認しているところである。在位は四世紀の終わりから五世紀初めごろであろうといわれる。

井上光貞などは、この時代に皇室の外戚氏となった葛城《かつらぎ》の襲津彦《そつひこ》は、ソツヒコすなわち襲《そ》の国の男子を意味するとし、実在人物と考えられるとし、また地方の外戚家となった日向の諸県君《もろがたのきみ》も、ある程度史実を反映していると述べている。当時日向国はまだ薩隅二国と分離せず、隼人の根拠地であった。

諸県地方の服属は、古墳の年代（本庄古墳群などの上限は五世紀前半）などから五世紀初めであろうという。これと臼杵郡英田郷、子湯県など、隼人服属の手はじめで、その後大隅の曾県《そのあがた》、加士伎《かじき》県、薩摩の阿多の順で、つぎつぎに、大和朝廷の勢力下に置かれた。井上辰雄は、これらの地に置かれた県は、朝廷の勢内の下に設けられたものであろうという。

髪長比売《かみながひめ》や泉長比売《いずみながひめ》の話は、こうした県から召し出された采女となり、やがて召されて后妃となったという史実の記憶であろう。

カムアタツヒメやアヒラツヒメなどの日向三代の后妃も、その神話的反映であろう。

こうした後宮を通じ、日向の伝承が宮廷に定着したのであろう。

第7章

神武天皇の謎

76 神武東征

はたして史実か

ウガヤフキアエズの御子のカムヤマトイワレビコは、兄のイツセ、イナヒ、ミケヌ（ミケイリヌ）の三人、および多くの一族、部下とともに、日向を出発し、瀬戸内海を航した。途中で、漁人のシイネツヒコを水先案内とし、難波に着いたが、豪族ナガスネヒコの迎撃に遭い、迂回して南紀の熊野にまわり、ここに上陸し、奥地に進んだ。

熊野の山奥で、邪神が毒気を吐いて、ミコトをはじめ全軍が失神する。熊野の高倉《たかくら》下《じ》という男が、天から授かったという霊剣フツノミタマを献上すると、全軍が生き返った。ヤタガラスの導きで山道を進み、大伴氏の先祖の日臣《ひのおみ》または道臣《みちのおみ》を将軍とし、軍団久米《くめ》部《べ》の兵《つわもの》どもを率い、大和盆地に出、エシキ、エウカシ、ナガスネヒコなどのたくさんの凶猛な賊を征伐した。最後に畝傍《うねび》山《やま》の東の橿原《かしわら》の地に宮を築き、ヒメタタライスズヒメ（イスケヨリヒメ）と結婚し、ここで即位した。第一代の神武天皇である。

これが神武東征譚の大筋であるが、これが実際の史実の記憶であるかどうかについては、いろいろな学者の論議の的となった。

津田左右吉などのように、大和朝廷の純然たる創作であり、政治説話であるとする虚構説もあるが、またなかには古代の集団的移動の記憶だとする説とか、大和朝廷の初期の国内の征討・統一事業の説話化であるとする説とかのような、「史実記憶説」もある。

また応神とか仁徳、あるいは継体などの、後世の実在の天皇をモデルとして作った架空の建国の英雄が神武なのだとする、反映説や、隣国の古朝鮮の建国伝説を模倣したとする模倣説などもある。

あるいは、朝鮮半島を南下して日本に渡り、征服国家を作ったという騎馬民族説などもあるし、また九州の邪馬台国、奴国、投馬国、狗奴国などの、弥生時代の小国家群の首長らの東遷説を唱える史実中核論も飛び出してくる始末である。また考古学的な立場で、弥生時代の首長の墓に鏡・剣・玉の三種のセットが見出されるのを、のちの大和朝廷の三種の神器と結びつけ、彼らの東遷を想定する説などもある。

私の立場をいえば、この東征の経路やそのエピソードのひとつひとつを、史実とみなして考古学や文献に徴証を求めるという立場はとらない。この説話はあくまで史実とは無関係な説話と考えているからである。この説話は、あとで述べるように、いくつかの異なった伝説的人物の説話を重ね合わせて一人物の東征譚にまとめたものである。

その中核思想としての、南九州の日向からの日の御子たちの東征と大和定住というモチーフは、史実ではなく、現実に大和盆地に根拠地をもつ朝廷と、本来隼人族の伝承であった日向の御子の伝承とを、結びつけるために作られた説話なのである。決して二、三世紀などの古い時代にできたものではない。

77

神武天皇の異名

三系統あるのはなぜか

神武天皇は、じつは三人のまったく違った人物の物語を重ね合わせたものである。この天皇の名は、カムヤマトイワレビコであるが、『古事記』によると、ワカミケヌノミコト、またトヨミケヌノミコトという別名もあった。『日本書紀』によると、この天皇はサヌノミコトまたはカムヤマトイワレビコ、ホホデミノミコトとも呼ばれ、また「諱《いみな》は彦火火出見」とも記されていた。

これをわけると、(1)イワレビコ系、(2)ミケヌ系、(3)ヒコホホデミ系、(4)サヌ系の四種となる。オオナムチなどの例も同じであるが、一般に数多くの異名と機能をもつ神や英雄は、本来はべつべつな霊格であったものを、統合して一人物としたという場合が多い。この神武の四種の異名も、元来べつべつな人物ではなかったかと思われるのである。もっとも、最後のサヌノミコトは、地域的な面から(2)に属すると考えられ、本質的には三種だと考えられる。

まず、(1)のイワレビコのイワレは、磐余《いわれ》と表記され、大和の地名の磐余（桜井市ふきん）をさすことは間違いない。イワレビコは、「磐余の首長」をさす語である。ナガスネヒコ、ヤソタケルなどの凶賊を討滅し、大和を統一する英雄像がこれである。

サヌノミコトとかワカミケヌとかトヨミケヌとかは、南紀の熊野地方と結びつく名である。サヌというのは、神武が熊野の土豪ナグサトベを誅したとき、「狭野《さぬ》を越えて熊野の神邑《かみのむら》に到る」（書紀）と記されているように、東牟婁郡三輪崎《みわのさき》の佐野である。『万葉集』の長忌寸《ながのいみき》の歌「苦しくも降り来る雨か神《みわ》が崎、狭野《さぬ》の渡に家もあらなくに」のゆかりの地である。ワカミケヌ・トヨミケヌという名は、神武の皇兄のミケヌノミコトと同系の名で、ミケヌという語から出た神名であるが、じつは、この名は熊野に関係深い名なのである。この点については、つぎの項目で説くことにする。

つぎのヒコホホデミは、海幸・山幸神話の主人公山幸彦の名でもあったことに注意すべきであろう。この天皇の名が、その父君の名と同じヒコホホデミであるのは、不思議であるが、津田左右吉は、海幸・山幸の主人公と神武天皇とは、もともと同一人物として語られていたのを、のちにウガヤフキアエズを一代入れて、海宮行きの人物と建国の英雄とのふたりの人物に分けたのであろうという仮説をたてている。

もし、そうなら、日向を出発し、海人シイネツヒコなどを水先案内とし、はるばると日の出る東方の国に向かって航海する日の御子の名は、ヒコホホデミであったかもしれない。これは南九州の英雄の名であったかもしれない。

この三人の人物のうち、イワレビコが大和朝廷にとってもっとも本来的な創業の英雄であったのであろう。これがのちになって日向の日の御子ヒコホホデミと結びつき、同一人物とし、さらに後世に、熊野のミケヌの神の伝承と結びついて、熊野迂回の話ができあがったのであろう。

78

熊野の神武天皇

原型は熊野大神か

神武天皇の軍が最初難波に上陸したが、苦戦をしたため、南紀の熊野に迂回し、ここから上陸した話は、じつは熊野を舞台とする熊野大神の鎮座縁起が、神武伝承に入りこみ、イワレビコと熊野の神とが同一視された結果できた話である。

まずその大筋を述べよう。

皇軍は海路から熊野神邑《かみのむら》に到り、上陸して天磐盾《あめのいわだて》に登り、また引き返して海に出たが、暴風雨のため軍船が危険に陥った。皇兄のイナヒが歎き、海に沈み、鋤持神《さいもちのかみ》、つまりワニとなった。つぎの兄のミケヌも、波に乗り、常世郷《とこよのくに》にわたった。つぎに天皇は熊野の丹敷浦《にしきのうら》に着き、ニシキトベを誅したところ、邪神が毒気を吐き、天皇をはじめ全軍が失神する。土豪高倉下が現われ、天神の夢の告げといって、霊剣フツノミタマを献上したところ、全軍みな蘇生する。この神剣は大和の石上神宮《いそのかみ》にあるという。

また皇軍は熊野山中で道に迷ったところ、アマテラスが道案内としてヤタガラスを派遺したので、全軍無事に大和盆地に出られたという。

これが『日本書紀』の伝えであるが、『古事記』もほぼ同様である。ここでは毒気を吐いた邪神は熊の姿となっている。

この二皇兄の海原行きは、平安以後盛んにおこなわれた補陀落渡海《ふだらくとかい》の風習を思い出させる、高僧をその臨終の前に、一種の屋形船に入れ、沖につき流す一種の舟葬である。このふうが仏教化する前は、たぶん熊野の漁民たちのもっていた葬法であったのであろう。この説話におけるミケヌの常世行きは、とくに重要である。ミケヌは熊野にゆかりの名だからである。

神武天皇自身、皇兄のミケヌと同様に、ワカミケヌとかトヨミケヌと呼ばれ、これもミケヌであったことは、注意すべきであろう。

紀伊の熊野の神は、中古以後三所権現と呼ばれ、その本宮にはケツミコが祀られ、樹木神とされている。古来、この神と同体視され、中古以後は朝廷で位を授けるにも、同日にされた出雲意宇《おう》郡の熊野神社の祭神は、クシミケヌであった。クシは美称だからミケヌという神名である。

神武の熊野山中における失神と蘇生譚は、熊野の神の死と復活の霊験説話である。またヤタガラスは、後世の牛玉宝印のカラスの絵でも知られるように、この熊野大神の使いとしての烏の信仰から出た話である。厳島神社の古縁起に、昔、祭神がこの地に上陸したとき、カラスが案内をつとめたといい、いまでもトグイの神事というのを伝える。

神武の話の原型は、熊野大神ミケヌが、海上から来臨し、多くの国つ神や邪霊どもを征服し、またいろいろの受難（たとえば死んで復活するなど）ののち、この地に鎮座したという熊野の神の鎮座縁起であったろう。中世の語り物『熊野の御本地』でも、熊野の神はいろいろな厄難に遭い、死んで蘇生したり、海原を越えて渡来し、神と祀られている。

79 久米歌

英雄時代の歌謡というのは正しいか

神武天皇の軍が宇陀《うだ》の地で、土豪エウカシ一族を誅したとき、戦勝の宴を催し、「菟田《うだ》の高城《たかき》に鴫羂《しぎわな》張る……」の歌を唄った。

これを久米歌《くめうた》といい、「今、楽府《おおうたどころ》にこの歌を奏《うた》ふときには、なほ手畳《たはかり》（舞の手ぶり）の大小《おおきちいさき》および音声の巨細《ふときほそき》あり。これ古の遺式なり」と『日本書紀』に記される。明らかに、この歌に伴って舞の手振りがあったことをしめす。

久米歌は、この歌ばかりでなく、国見丘《くにみのおか》のヤソタケルを撃ったときの、「神風の伊勢の海の大石にい這い廻《もとほ》る……撃ちてしやまむ」の歌や、忍坂《おさか》の大室での賊軍討滅のときの、「忍坂《おさか》の大室屋《おおむろや》に　人多《ひとさわ》に入り居りとも……久米《くめ》の子らが頭椎《くぶつつ》い、石椎《いしつつ》い持ち撃ちてしやまむ」の歌、またナガスネヒコを討とうとしたときの「みつみつし久米の子らが……そねめつなぎて撃ちてしやまむ」などの一連の歌を総称する。

この歌が、軍団久米部《くめべ》の軍事歌謡であったことは、前述したとおりであるが、この歌の内容から、これをかつての英雄時代の頃の戦闘歌であろうという説が唱えられている。英雄時代とは西欧史家や文芸論者により古くから唱えられた概念で、原始社会から古代の専制国家の出現に至る過渡期・中間期の、混乱時代をさす。その時代に実際に多くの建設事業や争闘に従事した英雄たちの詩歌やその事績の記憶が、後世にまで伝えられ、古代国家が定立したのちに、叙事詩の材料となったというのである。これがいわゆる英雄時代論で、二十世紀の初めC・M・チャドウィックや、W・P・カーなどが英雄叙事詩の起源論として、これを唱え、ポピュラーとなった。

日本では、高木市之助が、昭和八年にこれを取り入れ、こうした英雄時代の存在を認め、神武東征の久米歌が実際の英雄たちの歌謡であったことを主張した。これらの歌謡が戦闘歌謡であり、日常生活にそくして歌われていることや、歌のことばに、首長としての「われ」と部下としての「久米の子」や「鵜飼が伴《とも》」たちのあいだに、それほどの社会の身分の上下もないことなどが、証拠として論じられた。

しかし、この久米舞・久米歌は、朝廷の軍団であった久米部の戦闘歌舞であって、天皇への服属のために演奏されたことを知らなければならない。最初から朝廷の番犬としての兵士たちの歌であって、けっして英雄時代の歌謡などではない。久米部や物部などの朝廷の軍団の成立は、せいぜい五世紀中葉から六世紀初めにかけてであろうといわれる。大伴氏が久米直らの上に立ち、久米部を諸国に派遣して鎮定の事業をおこなったのは、六世紀中葉の継体朝に大伴金村が活躍した頃である。歌に歌われるクブツツイは、いわゆる頭椎《かぶつち》の剣で、古墳後期六世紀以降の産物である。歌に現われる「われ」と「久米の子ら」との関係は、英雄時代の王と従者ではなく、久米部の隊長と兵士たちの関係にすぎない。

80

ニギハヤヒの天降り

物部氏祖神の特別扱いはなぜか

ニギハヤヒノミコトは、物部《もののべ》氏の祖神とされている存在であるが、記紀においては、不思議なくらい、特別視されている。

中臣《なかとみ》、忌部《いみべ》、大伴《おおとも》などの諸氏族の祖神たちが、天孫降臨のときの随伴神として、一緒に天降っているのに対し、このミコトだけは、まったく皇孫と同じ程度の資格と権威をもって、皇孫よりも早く大和の地に天降っているのである。

『日本書紀』では、神武とその皇兄たちが日向にまだいたとき、いち早く磐船《いわふね》で大和に降臨したといい、またこの神が磐船で大空を飛翔し、この国をながめながら降ったので、「そらみつ　大和の国」というと、枕詞の由来話を、この神に関係づけて述べている。

記紀によると、彼は天羽々矢《あまのははや》と歩靫《かちゆき》を持っており、これを神武に見せたが、これによって天神であることが立証せられたという。

『旧事本紀』になると、この降臨伝承は、もっと仰々《ぎょうぎょう》しいものとなっている。同神は日神、月神、星神、その他数多くの神々をしたがえ、また五部および二十五部の天《あま》つ物部の兵を従え、これを打ち振ると死人も蘇生するという呪能のある十種の天璽端宝《あまつしるしのみずたから》を携え、天磐船《あめのいわぶね》に乗って、威風堂々と河内のイカルガノ峯に天降った。まことに皇室の天孫降臨にも比すべき、大王的な降臨である。

諸豪族の祖神伝承や天降り伝承を、できるだけ骨抜きにし、その大部分を天孫の随伴神の説話に変容し、天皇家への服属説話に仕立てた大和朝廷として、この物部氏伝承への寛容さは、いったいどういうわけなのか。

おらそくこのミコトの天降りは、あまりにも畿内地方に古くから広く知られていた神話であって、朝廷でも日向伝承を採用し、日向から大和への東遷の説話を作ったとき、これを無視することができなかったのであろう。

天の羽々矢《ははや》や十種《とくさ》の神宝《じんぽう》などは、おそらく物部氏の首長が持っていた一種のレガリヤで、これを伝えていることは、その司祭的性格をしめすものである。物部氏は、『日本書紀』を見ると、安康、雄略の頃（たぶん五世紀中葉）、政界に台頭している。物部氏は、朝廷の軍事・警察方面を担当し、物部《もののふ》の軍団をひきいて各地を鎮定するのに功があった。こうした実際的な軍事面のほかに、魂《たま》フリをおこなって病気治療をおこない、魔よけの呪法を伝え、天皇の健康保全をおこなうというような、巫覡《ふげき》・司祭としての面を、物部氏はもっていたことを知らねばならない。

『旧事本紀』によれば、物部の祖先ウマシマデが、家伝の十種の神宝を、神武天皇に献上し、これを打ち振って天皇、皇后の健康を祈った。これが鎮魂祭の起源であるという。

鎮魂祭の起源説話としては、別に天石窟戸神話もあり、鎮魂祭には猿女君《さるめのきみ》の伝承などの要素もあることを表わすのであるが、物部氏の要素も無視することはできない。

81

水先案内人ウズヒコ

海人出身か

神武天皇の軍が日向を出航し、ハヤスイノト、つまり豊予海峡にさしかかったとき、亀の背に乗り、釣りをしながら袖で羽ばたきをするような形で、やって来た人物があり、国つ神だと名乗り、よく海路のことを知っているというので、これを従者に加え、棹をわたし、水先案内とし、サオネツヒコと名づけた。これは倭国造《やまとのくにのみやつこ》らの祖であるという。これは『古事記』の伝えであるが、『日本書紀』では、この人物の名は最初ウズヒコといい、のちにシイネツヒコという名を賜わったという。ここでは「一人の漁人ありて、艇《おぶね》に乗りて至る」と、海人であったことを記している。

この氏族は、海に面しない大和盆地に住み、大和神社《おおやまとじんじゃ》（天理市新泉町）の大国魂大《おおくにたまのおお》神《かみ》を奉じる豪族であったから、海から出現した人物を祖と伝えることは不思議であるが、事実この氏族は海人や船と後世まで関係があった。

『日本書紀』仁徳紀によれば、その子孫の倭直吾子籠《やまとのあたいあごこ》は、遠江の大井川に流れて来た木で船を建造し、天皇の御座船としたという。『三代実録』貞観六年の条には、阿波の名方郡の海直豊宗《あまのあたいとよむね》ら同族七人が大和連の姓を賜わっている。これを見ると、阿波の海直らも、この大和氏の同族と見なされていたことがわかる。

この氏族の祖先の一人長尾市《なおおち》が、垂仁朝に、大和の大国魂をまつる大和神社に奉仕するようになったと『日本書紀』には記されるが、実際のこの氏族の大和入りは、応神・仁徳の河内王朝時代であったらしいことは、岡田精司が詳述している。

シイネツヒコ（『新撰姓氏録』では、神知津彦《かみしりつひこ》とも呼ばれる）を祖神とする倭直氏の同族に、青海首《あおみのおびと》、明石海部直《あかしのあまべのあたい》（明石国造）などもあった。明らかに海人系であった。

このシイネツヒコとオトウカシのふたりが翁《おきな》と嫗《おうな》の姿に身をやつし、蓑《みの》と笠《かさ》をつけ、敵の中を通り抜け、天《あめ》の香具山《かぐやま》の土を取って来、土器を作って、神々をまつり、大勝を得たという話は、後に述べるように、一種の翁舞の神事芸能からきた話であるが、それにしても、同様な説話は、『住吉神代記』にもある。ここでは、神功皇后のときの話となっており、座摩《いかしり》の祝《はふり》の古海人老父《こあまのおきな》がやはり蓑・笠・箕をつけ、醜い姿にやつし、天の香具山の土を取って来て、住吉大神をまつり、天下を平定したという。現在、大阪の住吉大社に伝わる「埴使《はにつかい》」の神事の由来話とされる。今では香具山ではなく、畝火山《うねびやま》の埴土を取って来て祭器を作り、これで大社の祈年・新嘗の二大祭をおこなうのである。

このカグヤマの土を取る話は、『日本書紀』崇神紀の、タケハニヤスヒコの妻アタヒメの説話にもある。たぶん真弓常忠も述べているように、カグヤマの土で作った土器で神々を祭ることは、大和国の全支配権を握るという政治的意味をもつ行為であろう。

それにしても、これらはもと海人系の祭祀法だったのかもしれない。

82

神武の大后

記・紀でまったく異なる出自

神武天皇の皇后はヒメタタライスケヨリビメ（記）、またはヒメタタライスズヒメ（紀）である。その姫の出自譚は記紀に見える。

『古事記』では、三輪の大物主神《おおものぬしのかみ》が、三島のミゾクイの娘セヤダタラヒメという美人を見そめ、彼女が厠《かわや》に入ったとき、丹塗矢《にぬりのや》（赤く塗った矢）に化し、溝《みぞ》から厠に流れて来、彼女のホトを突いた。彼女は驚いて起《た》ち上がり、矢を持って自分の部屋の床《とこ》のあたりに置いたら、端整な男となり、この美女と婚した。生まれた子がこのヒメであるという。

『日本書紀』では、事代主神《ことしろぬしのかみ》が大きな熊鰐《わに》の姿に化し、三島のミゾクイヒメ、またはタマクシヒメに通い、このヒメを生んだという。

両者ともに神婚説話ではあるが、その神婚の方式も、その父神の名も、まったく異なっているわけで、いかにも不思議である。

丹塗矢の話は、賀茂の神の神婚譚にもみられる説話型である。『山城国風土記』逸文によれば、最初大和の葛城山の峰にいたカモのタケツヌミが、やがて山城にうつり住んだ。その子にタマヨリヒコ、タマヨリヒメの兄妹がいた。

ヒメが石川の瀬見の小川で遊んでいたとき、丹塗矢が流れ下って来、彼女がこれを取って床のあたりに置くと、娠《はら》んで男子を生んだ。これがカモの別雷命《わけいかつちのみこと》であり、丹塗矢に化した神は、乙訓郡にまつられている火雷命《ほのいかつちのみこと》であるという。丹塗矢とは、一種の雷神のシンボルで、電光の神話化であろうといわれるが、古くは、こうした雷神の祭りなどに用いられた祭具であったのであろう。

カモの神が大和の葛城山から山城に移り住んだという伝承は、大和の葛城地方のカモの神々、たとえば高鴨のアジスキタカヒコネノ神（御所市、高鴨神社）やカモのヤエコトシロヌシノ神（御所市、鴨都波神社）などを奉じた葛城のカモ氏と、この山城の賀茂社を奉じるカモ氏とが、本来は同一氏族だったことを、神話的に物語ったものである。『令義解』では、このふたつのカモ氏は区別され、山城のカモを天神、葛城のを地祇に入れているが、この区分は後世的なものだ。

タマヨリヒメの名義は、柳田國男によれば、「神霊の依りつく女性」、つまり巫女のことである。イスケヨリヒメのヨリも同様であろうが、イスケという語義はわからない。

『古事記』の話で、この丹塗矢の主人公がカモのコトシロヌシではなく、三輪の大物主となっているのは、本来カモの神話であったものが、ミワの神の神話になったのであろう。

『延喜式』には、摂津国島下郡の条に、溝咋《みぞくい》神社とならんで三島鴨神社、同河辺郡に、鴨神社の名が見える。カモの神とミゾクイの神との結婚の神話は、この地方の風土伝承であったものが、後世大神《おおみわ》氏などを通じ、大物主の神の説話とされ、神武の后妃の出自譚となったのかもしれない。

83

大和征服譚

大伴氏と部下の活躍ばかりなのはなぜか

皇軍はヤタガラスの導きで吉野川を下り大和に入った。やがて宇陀に到り、土豪エウカシ、オトウカシを征服する。

つぎに西進して忍坂《おさか》の大室《おおむろ》に到り、尾のある土蜘蛛《つちぐも》（蛮族）八十人を、誅戮する。つぎに磐余《いわれ》の地でエシキ・オトシキの兄弟の賊を征服する。このとき、天皇の霊夢により、天の香具山の土で神聖な平瓮《ひらか》（平らの底の土器）を作り、天神・地祇《ちぎ》をまつり、戦勝を得た。これには、シイネツヒコとオトウカシとが蓑笠《みのかさ》をつけて、いやしい老夫婦に扮し、賊のなかを抜け出て、香具山に行き、土を取って来た。賊はみなだまされてこの老人たちをあざ笑った。

つぎに、さきの河内のクサカ坂の戦で、長兄のイツセを失った宿敵のナガスネヒコ、一名トミビコと雌雄《しゆう》を決する。激戦の最中、金色の鵄《とび》が飛んで来、天皇の弓弭《ゆはず》にとまり、その閃光《せんこう》のため、賊軍は目がくらんで敗亡した。ナガスネヒコは、イワレビコに使を出し、「自分はすでにニギハヤヒという天の神を奉じている」というので、これを呼び寄せると、ニギハヤヒは、天の羽々矢《ははや》という天神の証拠の品を出した。ニギハヤヒはナガスネヒコの妹のトミヤマヒメと婚していたが、ナガスネヒコを殺し、天皇に帰順した。物部氏の祖先である。

大和を平定したイワレビコは、かくて畝火のカシハラの宮に即位する。

周知の物語であるが、これはいくつかの違った説話群が含まれている。物語全体を通じていえることは、最後の物部氏の伝承であるニギハヤヒの物語を除いて、大伴氏の祖の道臣命《みちのおみのみこと》ないし日臣命《ひのおみのみこと》、およびその部下の久米部の活躍ばかりが、特筆されて語られていることである。天皇はむしろ脇役か影のような存在にすぎず、道臣ばかりが主役として活躍する。しかもそのつど、勇壮な久米歌《くめうた》が、道臣および久米部の兵《つわもの》たちによって歌われている。一種の歌物語のかたちをとる。

つまり、その中核が、古代の大嘗祭のとき天皇の御前で演ぜられた久米舞の歌とその縁起譚からできているのである。

久米舞は、大伴およびその同族の佐伯《さえき》氏が、久米部を率いて演じた古式の舞であった。イワレビコ自身の奮戦の話がないのは不思議であるが、もともとこの大和の征服譚が、古い時代の天皇家の祖先の英雄たちの建設事業の記憶ではなく、大伴氏が軍団久米部を率いていろいろと鎮定事業をおこなったときの軍歌とその由来話にすぎないのである。土橋寛は、この久米舞を一種の服属儀礼と考えている。この舞により、天皇に忠誠を誓ったのである。天皇自身の奮戦が語られる必要もない。老翁と老婆に扮した蓑笠姿のふたりの説話は、たぶん古代宮廷の春祭でおこなわれた翁舞《おきなまい》の神事芸能から出ている。後世の諸社の田遊《たあそび》神事などでは、翁と媼が登場するし、悪態《あくたい》がおこなわれる。蓑笠姿は祭りに臨む神の姿である。古く大和の国造家であった倭 直《やまとのあたい》らの奉納した神事芸能の由来だったのであろう。

84 神武伝承

成立はいつごろか

神武伝承は、大和朝廷が日向神話を採用したのちに、南九州の隼人の英雄たちの墳墓やゆかりの地と、大和盆地を古くから支配していた現実の大和朝廷とを結びつける必要によってできた物語である。したがって、この説話の成立は、隼人族服属の五世紀前半よりずっと下るものでなければならない。

この説話の中核思想が、「日の御子の統治」であることは、津田左右吉などの指摘したところである。

天照大神の遣わしたというヤタガラスも、熊野のミサキガラスの信仰と関係する伝承であることは、前に延べたとおりであるが、また太陽とカラスとの結びつきの信仰で、インド、ビルマ、中国、朝鮮にもひろがっている信仰と関係がある。

こうした日の御子による統治という思想が大和朝廷に定着したのは、わたしは五世紀以降であると考えている。高句麗、百済、新羅、伽羅などの朝鮮半島の諸王国の日の御子神話が伝えられ、これらの諸国との国交の立場上にも、大和朝廷では天皇家の先祖の英雄を日の御子であるとせざるをえなかった。

南九州の熊曾《くまそ》・隼人の地「日向」を、彼ら日の御子たちの天降った故地であるとするには、すくなくともこの地が何か神秘的な印象を大和人に与えなくてはならない。この国は、一面に太陽の照らす霊地と考えられていたことは、ホノニニギがこの国を「朝日のただざす国、夕日の日照る国なり」と讃え（記）、また景行天皇が、やはり同様な讃辞を与えた（紀）という伝承があることでもわかる。

しかもこの物語は、顕著にアマテラスとの関係が表われている。宮廷のアマテラス信仰が、とくに七世紀ごろから高まったことは、諸家によって論じられている。この東征譚の中核である大和のイワレビコとミチノオミ、ニギハヤヒの伝承などの成立が、大伴金村や物部麁鹿火《あらかび》が政界に権勢を張った六世紀中葉の継体朝ごろであろうという門脇禎二や、「大伴・物部両氏が権勢を振るっていた五世紀後半の頃」であろうとする直木孝次郎の説は、蓋然性に富む。

熊野迂回の話は、この地方と大和朝廷が海路によって交渉しはじめた七世紀はじめごろに成立したのであろう。

ここは古くから漁民たちの信じる海上他界の霊地であった。『日本書紀』に見える熊野の有馬村のイザナミの神陵の記事は、ここが他界信仰の地であったことを表わしている。この霊地の伝承と神武伝承が結びついたのである。

七世紀後半の壬申の乱のとき、高市社のコトシロヌシと牟狭社のイクムスビの託宣に、この天皇の陵《みささぎ》に種々の兵器を献上せよといったと『日本書紀』に記されるから、この頃には成立していたはずである。

第8章

ヤマトタケルの謎

85

「英雄時代」論

どんな理論でだれが唱えたか

英雄時代という時代区分を人類の歴史のなかにもうけた最初の人物は、西紀前八世紀のギリシャの詩人ヘシオドスであった。

彼は最初の理想的な世を黄金時代、つぎを銀の時代、青銅の時代とし、そのつぎに英雄時代、最後に鉄の時代となって現代につづき、世が進むにつれ、人心が荒涼となり、争闘の状態になっていくという史観をたてた。青銅の時代のあとにつづく英雄時代とはテーバイの戦争やトロイ戦争の勇士たちが出た戦乱の時代だという。空想的産物にすぎない金や銀の時代はべつとして、最後の青銅・英雄・鉄の三時代のことは、史実の記憶がなかったとはいえない。

十九世紀の哲学者ヘーゲルは、人類の歴史段階としてこの英雄時代の存在を論じ、原始共同体的社会が崩壊し、古代国家が成立する過渡的段階であり、奴隷制の階級社会であったと説いた。

さらに、二十世紀初めごろになって、C・M・チャドウィックらが、叙事詩起源論の立場から、これを実証的に証明しようとした。彼はギリシャの叙事詩の素材となったミュケーナイ文化の末期や、中世欧州の叙事詩の素材となった民族大移動期などを、のちの専制社会の母胎となす胎動期と考え、この群雄割拠の時代の英雄たちの側近の従者や伶人《れいじん》たちが主君を讃える頌《パネジリックス》辞や哭辞《ラメンツ》が、のちの英雄の語り物の素材となったというのである。

これは歴史的時代区分というよりは、むしろ文芸史上の理念に、この語を使用したわけである。彼はミュケーナイ時代や民族大移動時代に、実際にそうした頌辞《しょうじ》などを歌う伶人がいたことを、古典を参照して論じ、また未開民族にもこの風習の存在を例証した。またその動乱期の社会は、まだ貴賤上下の階級が未分化であったことが論じられた。

もっともチャドウィックらの方法論は、こうした頌辞や哭辞などをよりどころにして、神話的伝承のなかに、史実の中核を見出そうという、いわゆる「ネオ歴史主義」の立場を採るものであったから、この「英雄叙事詩の母胎」としての英雄時代は、同時にその英雄たちの実際に活躍した歴史的時代だとも考えたのである。

近年の欧米の英雄時代論としては、説話学、語り物などの立場からのものが多い。

そのひとつの表われとして、(1)英雄時代とは、本来説話上の観念であり、文物や制度の由来として、創始者の英雄が活躍したと語られる架空の時代であって、語り部たちの空想の産物であること、(2)文明が進むにつれ、しばしば史実視され、現在の社会秩序の定立以前の動乱期がこれに比定されたこと、(3)したがって、頌辞や哭辞の媒介により、実際の歴史人物や事件が反映することも多いこと、(4)神話や民譚の英雄がしばしばこの時代の人物とされ、実在の歴史人物と同一視され、また彼らの仲間とされたりしたこと、(5)したがって、異なった時代の人物がこの時代の同一舞台に活躍させられるような時代錯誤《アナクロニズム》も一般に見られること、などなどが、バウラ、ラグラン、ド・フリースなどによって論じられている。

86

英雄像

その本質はなにか

チャドウィックやW・P・カーなどの英雄時代史実論者にとって、英雄叙事詩のなかに登場する英雄たちの内性やその言動は、実際の歴史人物の印象や記憶の表われであったから、彼らの内性がヒューマニスティックであったり、その部下たちに対する言動が、民主的であったりして実際にその人物の知力、武技、意志などふつうの人より超え、部下たちに対して、そうした態度をもって臨んだことの反映であると考え、また同時に貴族社会定立以前の未分化な時代の主従関係の反映であると考えたのである。

英雄は、まさにこれを生み出した動乱の時代「英雄時代」の理想像であり、またこれを自ら実現した人物であったのである。

こうした立場からの英雄像は、智勇人に超えるが、あくまで人間的な愛情をそなえ、家族や部下を愛し、人間的な苦悩を抱えて悲劇的な生涯をおくる現実的人間像が本質とされる。これにしばしば伴う神婚譚や怪物退治や他界訪問などの超自然的要素は、後世的な付加物にすぎないとされるのである。

ところが、最近では、古代の英雄像の本質は、そうした「人間的個性」にあるのではなくして、反対に、超自然的要素にこそ存するのであるとする説が、神話学者や民俗学者の間で盛んになってきている。

イギリスのラグラン卿は、主として西欧の古典神話や史伝、叙事詩のなかの英雄譚に、共通な二十二個の話根が見出されることを指摘し、これらの英雄譚の史実性を否定した。オランダのヤン・ド・フリースは、もっと一般的な十個の話根にまとめ、説話の範囲をもっと世界的にひろげようとした。この話根のなかには、本人の出生の由来としての神と乙女の神婚譚とか、異常な誕生ぶりが語られ、また本人が幼時に山中に棄てられたり、動物に育てられたり、また成長して龍蛇や怪獣と闘い、乙女の愛を得、あるいは冥府を探検し、また国外に追放され、諸国を流浪するなど、いろいろな七難八苦に遭い、最後にまだ若い身でありながら志を遂げないままで、悲劇的な死をとげる顚末が語られる。

ド・フリースは、これらの要素が、古代的英雄の本質を構成する条件であると考え、実在人物でも、このような条件を満たす生涯をおくった人物であるなら、英雄の範型に近づいた理想的な人物ということにされるし、またその人物の死後は、できるだけ現実的な個性を忘却し、その英雄の範型にあてはまるような尾ひれがついて語られる傾向があることを指摘している。

これは妥当な説である。古代の民衆は、彼らの英雄像を描き出すのに、妻子への愛情や部下と苦楽を共にするヒューマニズムなどの現実的個性よりも、超自然的な生まれ方や怪物退治などをする神話的人物のほうが、より「英雄的」な要素をもつ人物と考えたのだ。ギリシャ語のヘーロース hērōs ということば自体、半神半人のスーパーマンを意味したのである。

87

神と英雄

その違いはどこにあるか

英雄とはギリシャ語のヘーロース hērōs から出、英語の hero の訳語である。一般に、現在では智勇人徳ともにすぐれ、社会・国家に貢献した人物をさし、しばしば民衆の英雄とか革命の英雄とかいうことばをきくが、古代・中世では、かなり意味が違っていた。

ギリシャ神話では、一般に半神半人の存在、つまり父か母か、どちらかが神であり、しかも人間の肉体をそなえた人物をさした。ヘシオドスによれば、彼らの多くは、クロノス神の支配する「福者の島」に住み、幸福な生活をおくるといわれる。英雄たちはなかば人間であるから、多くの点で人と同じで死ぬ存在であるが、その死により、ますますその地位は高まり、よきにせよ、あしきにせよ、人びとに力を及ぼす存在である。

先史時代の著名な戦士が、しばしばこれに当てられ、人間の乙女たちを母とする神の子とされた。死後は通常の人間の往生先とは異なる特別な他界に行くとされた。後世になると、実在の傑出した王侯、植民地の建設者、氏族や都市国家の創始者などが英雄として崇拝・祭祀された。またそうした制度の真の創始者が不明な場合には、架空の名祖がこれに割り当てられて、英雄として祭られた。英雄の祭祀の対象は、神ではなく、一種の人間であったから、その様式は神々の祭祀とは異なり、高い祭壇を築かず、地上に穴を掘ってこの中に犠牲の燔《ばん》祭や供物、灌奠《かんてん》をおこない、人間の死者に対する祭祀と同じであった。

こうしたギリシャの古代の英雄の概念と、類似した英雄の観念が、古代文明の諸国でもおこなわれていたことは、いろいろと徴証がある。バビロニアのギルガメッシュ、ヘブライのニムロドなどは、そうした半神半人の英雄である。

こうした半神半人の英雄は、神々のような天地万物の創造などはやらない。文化や制度のような人間的なものの創始や、ごく部分的な自然物の改変（たとえば河川の流れの方向を変える）などをおこない、人類の福祉に尽力する。しかし、人間の肉体を受けついでいるから、死んで墓に埋められ、特別な尊崇を受ける。その祭祀は一般の神々のように神殿でおこなわれることなく、一種の墓でおこなわれる。半分神の素質を受けついでいるところより、超自然的能力をもち、しばしば邪霊・怪物と闘い、人類を救うが、天つ神のような高次の神には服従し、またその援助により、功業を遂げる。

神の側からすれば、英雄はその命により人類に文化と福祉を与える神の子であり、使者である。したがってその課せられた功業を終えさえすれば、人間としての天寿をまっとうすることなく、若いうちに地位的に不遇なままで死んでもよいとされる。英雄の特性である。

未開民族にも、そうした半神半人の存在は、しばしば語られ、一般に文化英雄culture heroと呼ばれている。ホッテントットのヘイチ・アイビブ、アイヌのオキクルミなどはそうであるが、悲劇性はすくなく、超自然性は多い。

88

英雄ヤマトタケル

「英雄時代」の英雄であるのか

ヤマトタケルノミコトは、第十二代景行天皇の皇子として生まれ、智勇人にすぐれたが、粗暴の性格のゆえに、父の帝《みかど》にうとまれ、不遇な一生を終えた。

若くしてクマソやエゾなどの鎮定に東西に奔走し、かずかずの武勲をたてるが、時には凶賊の詐謀におちいり、危難や辛酸《しんさん》をなめ、またある時は愛する妃との愛別離苦を味わい、また邪神怪物を退治するが、最後に伊吹山の邪神の毒気にあてられ、病にたおれ、懐かしいふるさとの大和に帰着する一歩前の、伊勢の地で夭折してしまう。ミコトの魂は一羽の白い鳥となって天に向かって飛び去ったと『古事記』には記されている。

このミコトの生涯が、西欧の英雄叙事詩に出てくる「英雄像の範型」にぴったり当てはまることは、誰しも気づくであろう。

ギリシャ神話のヘラクレス、テセウス、イアソンなどのように、ヤマトタケルは王族の家に生まれ、若いときからいろいろな苦難・辛酸をなめ、郷国を離れて、僻地にさすらい、乙女の愛を得、悪神を退治するが、最後に荒野で孤死するのである。

このように、身は高貴の出でありながら、運命的にいく多の苦難に遭い、各地を漂泊流浪し、最後は若い身で悲劇的な死を遂げるというようなモチーフをもつ物語は、日本の語り物や伝説にも多く、源義経九郎判官の伝説をはじめとして、『愛護若《あいごのわか》』『山椒太夫《さんしょうだゆう》』などの語り物にもみえる。折口信夫などは、これを「貴種流離譚《きしゅりゅうりたん》」と名づけた。

ヤマトタケルが「典型的《ティピカル》な英雄」であることは認められるとしても、これが英雄時代の存在であるかどうかは、いささか問題である。ヤマトタケルを英雄時代に結びつけたのは、石母田正が最初である。石母田は、日本の英雄時代を、三～五世紀におき、ヤマトタケルの物語と歌謡群は、この時代の叙事詩的精神が生み出した浪漫的英雄の物語であると述べた。ついで藤間生大は、ヤマトタケルを、三、四世紀ごろの共同体の首長「県主階級」の理想・象徴としての英雄像とみなし、彼と父の帝との対立を、これら弱小県主らと大和朝廷との対立の反映とみた。

日本の黎明期に、はたして西欧史家のいうような叙事文芸の胎動期、群雄の割拠する激動の英雄時代なるものがあったかは、はなはだ疑問である。『魏志・倭人伝』に記された二、三世紀の倭国の大乱の時期や、四、五世紀の古墳前・中期を、これに当てる人もいるが、それにしても、この時代にチャドウィックらが説くような伶人たちの頌辞や哭辞が歌われたという証拠は何ひとつない。

ヤマトタケルは文字どおり「大和の首長」、つまり天皇を意味する語である。六世紀の頃の朝廷による地方征討の記憶とその伝承が、ひとりの皇族将軍に結びつき、これに国偲び歌とか、天皇の大御葬《おおみはふり》の歌など宮廷歌謡群が結びついて、浪漫的英雄譚となったもので、その完成は七世紀になってからと思われる。

89 ヤマトタケルの原像 トリックスターか

ヤマトタケルという名は、物語にも記されているように、後からつけられた称号で、「大和の勇者」を意味する。クマソタケル、イズモタケルなどと対照される普通名詞的な名である。本名は、小碓命《おうすのみこと》とも、ヤマトオグナノ命とも呼ばれるが、これらも説話的な名である。小碓《おうす》は、兄の大碓《おおうす》に対する名で、農具の臼を名とする兄弟の一人である。臼の中で育てられたという、昔話の小さ子と同様な、民間伝承上の存在であったのかも知れない。オグナは「童男」という字が当てられているから、成年式を受ける前の少年を意味する。ヤマトオグナも、「大和の少年」を意味する語である。

これらの名は、いずれも実在人物の名らしくない。恐らく、もともと別々な説話的人物の名で、これらの話が、重ね合わされて、一人の人物の遍歴譚とされてしまったのであろう。

この人物の初期の行動は、恐ろしく粗暴で、無情、冷酷、かつ粗忽《そこつ》である。兄の大碓を殺した話も、帝が「よくねぎらえ」と言ったのに、さっさと手足を引きちぎって殺してしまうし、クマソタケルを殺したときも、自分の勇力をたたえ、タケルという名を献じた相手を、また無造作に剣を尻から突通して殺してしまう。イズモタケルとの贋刀と真刀との取りかえも、いかにもフェアプレイでない、ひきょうなやりかたで、なんらヒューマニズムも見られない。

吉井巌は、兄を殺した話は、未開民族の昔話などに、兄が愚かな弟に、「わたしは旅に出るから、留守中お母さんの始末をよく頼むよ」と言ったのを、勘違いをして、焼石の上でさっさと母親を始末してしまった話などと同じような愚者の失敗譚であったろうと論じた。

実はこうした道化話は、トリックスター・テイルズ（ペテン師話）と呼ばれ、未開民族には多い。この主人公は、恐ろしく粗忽で非情であり、むやみに乱暴を働き、失敗を重ねたりする存在であり、またひどく好色であるが、反面、文化英雄として、あちこち漂泊・流浪し、怪物、邪霊と闘ったり、またしばしば死んで蘇生したり、奇蹟を現じたり、文化を創造したりする。善と悪、賢と愚、秩序と破壊の両面性を持つ存在である。また往々アメリカ先住民やメラネシアンのそれのように双生児の一人である場合がある。こうしたトリックスターが、西欧の古典神話の英雄、たとえばヘラクレス、ヘルメス、プロメテウス、ローキなどの原像でもあると説いたのは、P・ラデインや、K・ケレーニイなどである。これはヤマトタケルにも言えるのである。

ヤマトタケルの説話の前半は、粗忽、乱暴、非情、詐術に満ち、後半の東征譚に見える、情感の人、悲劇の英雄という面は見られない。しかし、この前半に見える素朴な要素こそ、このミコトの原像なのである。従って、もとは民間の伝承が素材であり、クマソ退治や、イズモタケル退治なども、もともと単身の英雄が、怪物や強敵を、詐術をもって倒したという話であり、多くの将兵を率いて、朝威に従わぬ賊徒を征討する堂々たる皇族将軍のイメージではない。皇族将軍の色彩が『日本書紀』などには強いが、これは後世的な形象である。

90

ヤマトタケルは天皇か

意外に多いその形跡

　若い英雄ヤマトタケルが、じつは天皇であったなどという者がいれば、何を世迷《よまい》言《ごと》をいうかと叱られそうである。しかし、じつは、ヤマトタケルに関する種々なエピソードや、これと結びつく宮廷儀礼や歌謡などを、よく検討してみると、意外にこのミコトが天皇であったという形跡がみえてくるのである。

　ヤマトタケルは、決して実名ではなく、「大和の首長」を意味する称号であった。記紀では幼名をオウスノミコト、別名ヤマトオグナともいったが、クマソを征伐したとき、ミコトに殺されたクマソタケルからヤマトタケルという称号を献られたと語られている。

　もちろん、この話は史実ではないが、ヤマトタケルという名が、大和の首長を意味する普通名詞であることを表わしている。

「大和の首長」といえば、もちろん大和朝廷の主権者である天皇のことであるが、事実、『常陸国風土記』では、このミコトのことを、「倭建天皇《やまとたけるのすめらみこと》」と呼び、その妃のオトタチバナヒメをも、橘皇后とか大后橘比売命《おおきさきたちばなひめのみこと》とか呼んでいるのである。同書によると、この天皇が東の夷の国を巡視し、新治県《にいばりのあがた》を過ぎたもうたとき、国造のヒナラスを遣わし、泉を掘らせたという。同書には、ほかにも多くのこのミコトの巡幸説話があるが、みな天皇と呼ばれている。福田良輔などは、『古事記』のなかに出てくるミコトの行為に対し、「幸《いでます》」とか「崩《かむあがり》」とか「大御食《おおみけ》」「仕奉《つかえまつる》」「詔《みことのり》」のような、天皇、もしくは大后にしか用いられない用語が用いられていることにより、このミコトの身分がもと天皇であったことを論じた。

さらに、吉井巌は、このミコトとその子孫の系譜についての記述に、ミコトの子までの記述まででで止めていることに注意し、これが天皇とその皇子たちまでの記述で止めているという記紀の天皇に関する形式と一致することを指摘し、これによってミコトがかつて天皇であったとする伝承があったことを推定した。

このほかにも、このミコトの行為は、不思議と、天皇の大権と結びついていたものが多い。皇位の御璽《みしるし》である三種の神器のひとつ、草薙剣を、おばのヤマトヒメからもらい、東征に出発している。大和の首長を意味するヤマトタケルが、皇祖神に仕える「大和の貴女」つまりヤマトヒメから皇位のレガリヤを授けられて賊軍征討に出かけるというモチーフは、どうやら一皇子の征戦というよりは、天皇の親征そのものを表わす行為といえる。

　またミコトの死後、その魂が白い鳥となって天がけったとき、これを追った妃や御子たちの歌が、大御葬の歌、つまり天皇の御大葬の歌とされていることも不思議である。一皇子の死にちなんでの歌が、なぜ歴代の天皇の御大葬の歌となったかはわからない。むしろミコトはかつて天皇であったからこそ、それが歴代の御大葬の歌となって歌われたのだといえよう。

91 クマソタケル征討

ヤマトタケルの女装の意味

オウスの皇子《みこ》は、オバのヤマトヒメから衣や裳《も》をもらい受け、剣を懐中にして出かける。クマソタケルの家では、新しい家を建てた祝いに酒宴を張ったが、ミコトはミズラを解いて髪を少女のようにし、オバの衣装をつけて女装し、クマソタケルの家に入り、タケル兄弟に近づく。

兄弟はミコトの美しさに惹《ひ》かれ、自分たちの間に坐らせたが、やがてすきを見て、ミコトは兄タケルをさし殺す。逃げ出した弟タケルを追い、これをも剣で刺しつらぬく。死に臨んでタケルが、ミコトの武勇をたたえ、名を献上し、ヤマトタケルを名乗るようになったという。これが『古事記』のあらすじである。

クマソタケルは、『日本書紀』では、川上タケルと呼ばれる。川上は大隅国肝属《きもつき》郡の地名であることは、『倭名抄』に記されている。クマソは、日向・大隅・薩摩にいた隼人と肥後地方にいた肥人《くまびと》の総称であり、これらが朝廷に服属する前、いわば野蛮視されていた時代の蔑称であったらしいことは、前に述べたとおりである。

ミコトが女装して、このクマソに近づくのは、もちろん油断させるための扮装というかたちとなっているが、一面に怪物のえじきになる犠牲乙女の身替わりに、英雄が出かけ、これを退治するという民譚の、歴史化、合理化でもあろう。またこの女ものの衣装は、意味がある。

ヤマトヒメは、『日本書紀』垂仁紀では、天照大神の御魂代《みたましろ》の神鏡を奉じ、大和から伊勢に遷幸し、伊勢の五十鈴川のほとりに、斎宮《いつきのみや》を建て、これをまつったという。いわば伊勢の第一代の斎王である。『皇太神宮儀式帳』や『倭姫命世記』などでは、この女性はますます神話化し、その巡幸譚は、神宮の祭りの贄《にえ》の行事の由来話となっている。このヒメは、実在人物というより、代々の斎王の元祖として設定された、神話的存在にすぎないのであり、ヤマトヒメという名自体は、固有名詞ではなく、「大和の貴女」を意味する語で代々の斎王自身の別称であったのであろう。

しかし、このヤマトヒメからヤマトタケルが衣装と剣を授かって出かけるというのは直木孝次郎も述べるように、この斎王の奉じるアマテラスの、名代《みょうだい》として出かけることである。

男性が女装して神祭りに奉仕する例は『日本書紀』の神武紀に、大伴氏の祖ミチノオミが厳媛《いつひめ》（神聖な女性、すなわち巫女）と名づけられ、祭りの斎主《いわいぬし》となって、神をまつったという記事があるのを見ればよい。古新羅の若い戦士団「花郎」にも、そんなふうがあったらしい。

もしかすると、古代では戦争などにそうした女装の司祭がいて、敵を調伏するための呪術的祭儀をおこない、味方を鼓舞するというような慣習があったのかもしれない。

これがヤマトヒメからヤマトタケルに衣装を授けるというかたちになったのは、伊勢神宮の神威が朝廷に認められるようになってからの添加であろう。但し、この話は、伊勢神宮の九世紀ごろの古文書『皇太神宮儀式帳』には見えないから、大和朝廷側の伝承であろう。

92

イズモタケル征討

真大刀と木大刀のすりかえの意味

クマソを征伐したヤマトタケルは、帰途に出雲に立ち寄る。ここで出雲建《いずもたける》を討とうと思い、ひそかにイチイの木で刀を作り、腰につけ、出雲建を誘って肥の川（斐伊川）で水浴をした。ミコトはさきに川からあがり、相手の刀と自分の木刀とをすりかえた。イズモタケルは木刀を腰につけた。ヤマトタケルが勝負をいどんだが、イズモタケルは刀を抜こうとして、まごまごしているうちに打ち殺された。このとき、ミコトが、

やつめさす　出雲建が　はける刀《たち》　つづらさわまき　さみなしにあはれ

と詠んだという。

意味は、「出雲の首長が腰につけた刀は、つるがたくさん巻いてあって外装は立派だが、中身がないのはあわれなことだ」というのである。

この話は『日本書紀』では、ヤマトタケルの話にはなく、崇神紀の出雲振根《ふるね》の話に

みえる。前にも述べた話であるが、出雲振根という人物が出雲の神宝を管理しており、崇神天皇がこれを献上させようとして使を出した。振根は筑紫の国に旅行中で不在であったので、弟の飯入根《いいいりね》が無断でこれを献上してしまった。帰って来た兄は専断を恨み、これを止屋《やむや》（神門郡塩冶）の淵にさそい、だまして殺すのであるが、この方法が、ヤマトタケルと同様な真大刀と木大刀の取りかえによるのである。

この二話は登場人物がまったく違うし、年代も違うわけであるが、両者とも大和朝廷による出雲の首長の征討説話であること、またその舞台が出雲西部平野の斐伊川流域らしいことが共通である。したがってこの型の説話は元来出雲地方の古い伝承に基づいたものと考えられる。書紀の伝承にはキビツヒコが登場しており、前にあげた物部氏のほかに、吉備氏が伝承に介入していた可能性がある。

ヤマトタケルは、『古事記』によれば、ワカタケキビツヒコの外孫とされ、またミコトの随臣として吉備臣の祖としてのミスキトモミミタケヒコの名が見える。『日本書紀』では、キビノタケヒコというのが随っている。

出雲の服属に、吉備氏や物部氏が介入したことは、いろいろな徴証がある。物部氏については前に述べたが、吉備氏と出雲との関係も深い。『出雲風土記』や『出雲国大税賑給歴名帳』などには、吉備臣、吉備部臣、吉備部などを名乗る人名が多く記されている。

出雲の神宝のことは、垂仁紀にもみえる、たぶんいつの頃か、大和朝廷で、出雲の首長、すなわち国造家の持つ家伝の神宝、レガリヤを取り上げようとする交渉がしばしばおこなわれ、そのとき出雲氏内部にも内訌《ないこう》が生じ、とどのつまりは吉備氏や物部氏の介入で、内乱が鎮定されたのであろう。「やつめさす」の歌は、神宝の刀を取り上げられ、実権を失った出雲国造に対する時人の歌であろう。この歌に基づいて取り換えの刀の話ができたのである。

93 クサナギの剣

尾張氏の奉じる太陽神の象徴か

ミヤズヒメは尾張国造家《おわりのくにのみやつこ》の祖先でヤマトタケルの妃となった女性である。『古事記』によると、ヤマトタケルは東征の帰途尾張国に立ち寄り、ヒメと婚した。その後、ミコトはおびていたクサナギの剣をヒメにあずけ、伊吹山の神を退治に出かけ、その神のため大氷雨《おおひさめ》（ひょう）に撃たれ、病気にかかり、伊勢のノボノで薨じた。ヒメはミコトの剣をそのまま奉じ、その子孫の尾張氏が代々奉仕することになった。これが熱田神宮の起源だという。

この話は、もと熱田神宮のご神体の草薙剣と尾張国造家との結びつきの由来を物語る神宮の鎮座縁起であったのであろう。

『尾張国風土記』逸文によると、ヤマトタケルがこのヒメのもとに宿ったとき、夜厠《かわや》に立ち、剣を桑の木にかけたまま忘れて御殿に入り、気がついて取りに行くと、剣が光り輝いて取ることをえなかった。そこでヒメに向かい、「この剣は神気があるから、斎《いっ》き奉《まつ》ってわが形影《みかげ》（御正体《みしょうたい》）とせよ」と言われ、そこで熱田の社を建てたという。

この話は、本来ヤマトタケルとは無関係な、日の御子と尾張の巫女的氏族女祖ミヤズヒメとの神婚伝承であり、また日の御子の神霊の御正体としての霊剣の奉仕由来譚なのであったらしい。桑の木にかけた神剣が光り輝くというのは、おそらくこの社での、この霊剣祭祀の実際の方式の記憶であろう。

尾張氏の祖神は、記紀や『新撰姓氏録』では、ホアカリノミコトという存在であると記されている。この人物は、アマテラスの孫で、ホノニニギの兄となる人物だとも、例の海幸《うみさち》・山幸《やまさち》二兄弟の、さらに兄に当たる人物だとも伝えられているが、もともとはこれらと無関係な尾張氏の奉じる太陽神であったらしい。

尾張氏と、その同族の氏族の奉じていた神社に、アマテル神社、アマテルミタマ神社などがあり、これらが一種の太陽神格であり、神話のホアカリと同一霊格であったらしいことは、前にいろいろと考証したことがある。

尾張氏の奉斎する熱田神宮の祭神も、おそらくそうしたアマテル神であり、その日神の象徴として、クサナギがまつられていたのであろう。クサナギが太陽神の象徴であったことは、その霊剣が夜も光り輝いたという伝えでもわかる。

この剣がスサノオの斬ったヤマタの大蛇の尾から出たアメノムラクモノ剣とは、本来まったく違った剣であったことは、明らかである。尾張氏の太陽神の御正体としての剣が、宮廷の神話のなかで、出雲の神話的な剣と、同一視され、さらにこの剣が、宮中にある三種の神器のひとつ、王者のレガリヤと同一視されたのであろう。ヤマトタケルが、この霊剣を、ヤマトヒメからもらって熱田に運んだというのは、それらのまったく異なる剣を同一視したことによって生じた伝説にすぎない。

94 天に還った魂

ヤマトタケルの魂はなぜ白鳥になったのか

『古事記』によると、ヤマトタケルの薨去の知らせが大和にまで届いたとき、大和の后や御子たちは、みな下って来てミコトの御陵《みささぎ》をつくり、その脇の田をはいまわりながら泣き、

「なづきの　田の稲幹《いながら》に　稲幹に　葡《は》ひ廻《もとほ》ろふ　野老蔓《ところづら》」

と歌った。

するとミコトの魂は白い鳥となって舞い上がり、浜に向かって飛び去ったので、一同は、篠の切株に足を傷つけながら、追っかけ、「浅小竹原《あさじぬはら》　腰なづむ　空は行かず　足よ行くな」と歌った。さらに海の中まで浸りながら追っかけ、「海処《うみが》行けば　腰なづむ　大河原の　植え草　海処《うみが》はいさよふ」と歌い、ふたたび鳥は飛び去って磯に休んだので、「浜つ千鳥　浜よは行かず　磯伝ふ」と歌った。この四首の歌は、天皇の御大葬の歌となったという。

鳥はさらに飛び翔り、河内の志幾《しき》に留まったので、ここに御陵を作った。これを白鳥の御陵と名づけた。鳥はそこからさらに飛びたって天に消え去ってしまったという。

ミコトは神の子としての英雄であったからこそ、その死にあたって魂は鳥となって天上の神の世界にもどったのである。白い鳥、鶴、鷺《さぎ》、鷗《かもめ》などが、神の化身ないし使者であるという信仰は、日本では古くからあった。またいっぽう、この四首の挽歌を中心とする鳥の追跡譚には、鳥を霊魂の乗り物とする古代人の霊魂観と、その霊魂を探索し、呼びもどそうとする、鎮魂《たまふり》の行事が反映している。

この御大葬の歌の意味は、不明なものが多いが、いずれにしても、その魂の鳥の後を追い、稲田、笹原、海辺、磯などを尋ねてまわって難渋《なんじゅう》するという所作が歌われ、たぶん実際にそうした儀礼的歌舞がおこなわれたのであろう。古代には死んだ直後、喪屋《もや》（貴人の場合は殯宮《もがりのみや》）において、一種の歌舞がおこなわれたことは、種々の徴証がある。天若日子の神話でも、死んだ若日子のため、喪屋《もや》で八日八夜《ようかやよ》も遊び（歌舞管絃）をしたと語られている。『日本書紀』の允恭紀、天武紀、持統紀などにも、天皇の御大葬にさいし、殯宮で楽人たちの奏楽や歌舞がおこなわれたことが記されている。『喪葬令』にも、鼓《つづみ》とか角《ふえ》などの楽器があげられている。遊部《あそびべ》というものも、凶悪な霊魂を鎮める職業といわれるが、おそらくそうした歌舞をおこなった人びとであろう。

挽歌も、『万葉集』の人麻呂の歌などになると、哀傷の感情が奔《ほとばし》り出ているのであるが、この大御葬の歌などの古歌謡となると、そうした感情は何も語られず、魂の鳥の行くえとこれを追うことの道の難渋が、きわめてかんたんに述べられているにすぎない。

こうした所作には、古代人の魂《たま》ふりの呪術が感じられる。現在の葬礼のなかにも、魂をいったん呼びもどそうとする魂呼びなどの作法が残っているが、古代ではことに生死の境のまだ定かではないモガリの期間には、なお蘇生の望みをもって、起死回生の魂ふり行事をおこなった。魂が死後鳥の形となって飛び去るという信仰は、世界的にも広い信仰であるが、ここでの殯宮儀礼では、この魂の鳥を追って野山や海辺を尋ねまわるかたちの歌舞であったのであろう。私は、かつて『日本神話の新研究』のなかで、この所作を、シベリアの巫《みこ》などの「失踪した病人の霊魂を追って山野や他界を尋ねまわる招魂儀礼」と比較し、同義のものと考えたが、この考えはいまでも変わっていない。

第9章

朝鮮渡来人の謎

95 アメノヒボコ

神か人か

アメノヒボコは記紀では新羅国の王子で、妻のアカルヒメを追って日本に渡来した人物ということになっている。『日本書紀』では、その渡来は垂仁朝とされている。『古事記』の応神の巻では、渡来の動機について、説話が伝わっている。昔、新羅国のアグ沼という沼の水辺に、ひとりの乙女が昼寝をし、その体を日光が虹のようにさしていたのを、一人の農民が不思議に思ってながめていると、乙女はひとつの赤い玉を生んだ。農民がこれを貰い受けて持っていたとき、国王の子のヒボコに逢った。ヒボコは農民が牛に飲食物を載せて谷の中に入ったことを怪しみ、牛を殺して食うつもりだろうと責めたので、農民は赦しを乞い、その赤玉をヒボコに献上した。

ヒボコはこれを床の辺りに置いたところ、美しい乙女になったので、これと結婚した。乙女はいつもいろいろのご馳走を作って夫にすすめたが、そのうち、ヒボコは心が奢《おご》り、妻を罵《ののし》った。そこで彼女は「私は親の住む国に還ります」といい、こっそりと小舟に乗り、逃げて日本の難波に留まった。これが難波のヒメコソの社の祭神アカルヒメだという。

さて、いっぽうヒボコは妻が逃げたことをきき、追っかけて難波に上陸しようとしたが、そこの渡し場の神がさえぎって入れなかった。やむなく但馬の国の出石《いずし》に留まったという。

新羅国と日本の交渉を物語る説話である。

この話の新羅国での話が、高句麗の朱蒙《しゆもう》王の出自にまつわる日光感精・卵生説話と似たモチーフであることをみると、やはり朝鮮の古い風土伝承であったことを推察せしめる。朱蒙が生まれた大卵とアカルヒメの赤玉とは、同様な伝承の変形であろう。赤玉とは赤い石のことであるが、たぶん彼らの祭りに用いる太陽の象徴と考えられる。

おそらくこの話は、日の御子伝と神婚譚を伝える新羅系渡来民集団がいて、故土から日本に渡り、最後に但馬の出石郡出石に行き着いたことを、説話的に物語ったものであろう。アカルヒメをまつる難波のヒメコソの社も、彼らの奉じる太陽の女神であったらしい。

『播磨風土記』では、このヒボコは、じつは歴史人物ではなく、神ということになっている。同書の粒丘《いいぼのおか》のところでは、この神が韓《から》の国から渡って来、宇頭《うず》川《が》のほとりで、アシワラシコオ（オオナムチ）に宿を乞い、海中に宿ることを許されたので、この客神《まろうどのかみ》は、剣で海水をかき立てて宿った。主《あるじ》のシコオは驚き畏れ、さきに国を占めようと思い、この丘に着いて食を取ったが、あわてて口から飯粒をこぼしたという。ほかにもいくつかの箇所で、この神がオオナムチや伊和の大神と勢力争いをしている。

ヒボコはもとは出石族の奉じた神であったのを、のちに大和朝廷で、渡来した歴史人物のように歪曲して伝えたにすぎない。

96

ツヌガアラシト

アメノヒボコと同一人物か

アメノヒボコの渡来伝承ときわめて類似し、しかも実際にその伝説地や崇拝地が、しばしば混同されているのは、オオカラの王子ツヌガアラシトのそれである。

ツヌガアラシトについては、『日本書紀』の垂仁紀二年の分注の一伝に、この人物が崇神朝に「日本国に聖皇がいます」ときき、渡来したと記し、この人物が穴門《あなと》（長門）に着いたとき、イツツヒコという人物が、「われわれはこの国の王なり」といったのを、人となりを見て怪しみ、退出して、船であちらこちらをさまよい、北海から出雲国を経て、越の笥飯浦《けひのうら》（福井県敦賀市気比神社ふきん）に到達した。額《ひたい》に角《つの》があるので、ツヌガアラシトといい、その上陸地を名づけて角鹿《つぬが》（敦賀《つるが》）というと記されている。

垂仁天皇はこの人物を召し、その本国に遣わし、先帝のミマキイリヒコ（崇神）の名をとって、任那《みまな》と名づけたという。

一伝によると、ツヌガアラシトは、その本国にいたとき、黄牛に農具を負わせ、田舎に出かけた。黄牛がふといなくなってしまったので、探しまわったところ、ある村に足跡が留まっていた。そこの村君がこれを殺して食っていた。一老夫の知らせで、アラシトはこれを知り、牛の代償を求めた。そこで村君らは白い石をささげた。その神石が美しい乙女と化したのでアラシトは喜び、これと婚しようとした。ところが童女はいつのまにかいなくなった。乙女は難波に渡ってヒメコソの社の神となったのだが、アラシトはこれを追い、海を渡って日本に入ったという。乙女はまた豊の国前郡（豊後国国碕郡または豊前国田川郡）のヒメコソの社の神となったともいい、また難波とことの二か所にまつられたともいう。

これをみると、前に述べた『古事記』のアメノヒボコと難波のヒメコソの女神との関係の伝承の一異伝であることは、明らかである。

一方は新羅の王子、他方は任那の王子となっているのは、たいした相違ではない。もともと韓土からの蕃神の渡来と伝えていたものが後世に新羅とか加羅とか、いろいろな王国に分かれていることを、大和朝廷側で意識してから、べつべつの本国の伝承のように伝えられたにすぎない。『摂津国風土記』逸文の比売《ひめ》島《しま》の松原の伝承も、昔、新羅国に女神がいて、その夫を逃れて、しばらく筑紫の伊波比《いわい》の比売島に住み、さらにそこから摂津に渡って来たという。新羅国という点では、『古事記』のアメノヒボコの伝えに一致し、筑紫（九州）から難波に渡来した結果の異伝であろう。

三品彰英によれば、ツヌガアラシトの名は、新羅の角干《スプルカン》spur-khan（最高官位）閼《アル》智《チ》archi（日の御子の名）の日本読みで、アメノヒボコはその日本名であるという。ひっきょう同一人物である。

97 アメノヒボコ伝承

なぜ各地に伝播したのか

アメノヒボコ、およびその同一人物であるツヌガアラシトのゆかりの地は、かなり広い地域にわたっている。

『古事記』では、ヒボコは難波から但馬にまわり、そこに永住したと記されているだけであるが、『日本書紀』では、ヒボコははじめ船で播磨国に到り、宍粟邑《しさわむら》に留まったのを、垂仁天皇が三輪君《みわのきみ》の祖先大友主と倭直《やまとのあたい》の祖先長尾市《ながおち》を、播磨に遣わし、素性を尋ねさせたが、ヒボコは八種の神宝を献じ、天皇にこの宍粟邑と淡路島の出浅邑《いでさのむら》とを賜わった。彼はさらに勅許を得て、諸国をめぐり、宇治川を遡り、北上して近江国の吾名邑《あなのむら》に入り、しばらく住んだ。そこから若狭国を経て、但馬国に到り着いた。近江国の鏡村《かがみのむら》の谷《はさま》の陶人《すえびと》は、このヒボコの従者の子孫だという。但馬の出石の人フトミミの娘マタオと婚し、但馬に住み、子孫が栄えたが、清彦や田道間守《たじまもり》はその子孫で、神功皇后《じんぐう》もその子孫だという。

またツヌガアラシトの伝承では、まず、穴門《あなと》（長門）でイッツヒコに出会い、そこからまわって若狭《さかさ》の気比《けひ》の浦、敦賀に到るのであるから、長門、若狭もそのゆかりの地である。

これでみると、ヒボコ・アラシトのゆかりの地、遍歴の地は、播磨、淡路、近江、若狭、但馬、長門となる。『播磨国風土記』ではイイボの丘をはじめ各地に、このヒボコの伝承があり、オオナムチや伊和大神との勢力争いをおこなっている。また九州では『筑前国風土記』逸文のイト県主イトテの伝承をみると、筑前のイト地方（筑前絲島郡）も、そのゆかりの地である。

つぎに、この人物の結婚の相手役のヒメコソの女神は、難波（摂津）がその最後の永住地であることは、記紀、『摂津国風土記』逸文など、みな一致する所伝であるが、『日本書紀』の伝える、豊の国前郡（豊後国国碕郡または豊前国田川郡）のヒメコソの社の存在も見逃すことはできない。『豊前国風土記』田河郡（田川郡）の鹿春郷《かはるのさと》の条に、昔、新羅国の神が渡来し、この川原に住んだ。そこで鹿春神《かはるの》と呼んだと語られている。『延喜式』神名帳に、豊前国田川郡の辛国息長大姫大目命《からくにおきながおおひめおおめのみこと》神社というのがこれであるといわれる。

このように、ヒボコとその妻のヒメコソの女神の遍歴の地と伝えるものは、北九州から近畿、裏日本にまで及んでいるのである。

これらの漂泊譚が何を表わすかは、明白である。つまり、こうした日の御子伝承と神婚譚を伝える、新羅系の渡来民集団がいて、これらの分布が、神話に反映したものなのである。彼らの移住は、「天日槍《あめのひぼこ》、艇《はしふね》に乗りて播磨国に泊り」とあったり、さらに敦賀に廻航したり（垂仁紀）、また播磨の海中を、剣でかきまわして、海に宿ったという伝承（播磨風土記）があったりするのをみると、船によってなされたものらしい。その神宝のなかに、海と関係あるらしいオキツ鏡とヘツ鏡があること、浪振る比《ひ》礼《れ》、風振る比礼などがあることをみても、海や船との結びつきは、否定できない。

98 出石の神宝

どこに消えたのか

『古事記』に見える、アメノヒボコが海外からもたらした宝物は、珠ふたつ、浪振る比礼《ひれ》、浪切る比礼、風振る比礼、風切る比礼、奥《おき》つ鏡、辺《へ》つ鏡の八種であり、これを出石の八前大神《やまえの》と呼んだという。これが『延喜式』にいう但馬国出石郡の伊豆志坐神《いずしにます》社八座（出石神社）である。これらの品目を見ると、みな風雨波浪を自由に統御する呪能をもっていたようである。

これが出石神社の祭神の八座となったということは、この神社の神体もしくは神宝であったことを物語る。『旧事本紀』のなかで、物部氏の祖先ニギハヤヒが天降りのさいもたらしたという十種の天璽瑞宝《あまつしるしのみずたから》と同様な、神授の呪物として、出石一族が代々伝えていた神宝で、のちにこれをその氏神の神体としたのであろう。アメノヒボコが元来神であったことは、前述のとおりである。

『日本書紀』では、このヒボコの渡来を垂仁朝としているが、このもたらしたという神宝は、かなり品目が異なっている。
すなわち、羽太玉《はふとのたま》、足高玉《あしたかのたま》、鵜《う》鹿《か》鹿明石玉《かのあかしのたま》、出石小刀《いずしのかたな》、出石桙《いずしのほこ》、日鏡《ひのかがみ》、熊神籬《くまのひもろぎ》の七種である。これらの神宝の詳細な機能は不明であるが、玉、刀剣、鏡などの祭器ばかりである。クマノヒモロギのクマは「神聖な」「神的な」を表わす語で、ヒモロギは神霊のオギシロとしての神樹を指す語である。日鏡は、太陽神を祭る神聖な鏡であろう。太陽の熱から火を取る凹面鏡「陽燧《ようすい》」のことだろうという説もある。

出石一族は、アカルヒメの母の日光感精譚に見るように、太陽崇拝と結びついていたらしい。ヒボコという名も、三品彰英も指摘したように、日神をまつる聖具であったらしい。アメノウズメが日神の隠れた石窟《いわや》の前で踊ったとき、手に持ったのも、ヒボコと呼ばれていた。

『古事記』の伝えと『日本書紀』の伝えとで、このように違う理由はわからない。前者のほうがはるかに呪術的、神話的であり、後者は祭祀儀礼的、現実的であることは、明らかである。

出石族の古い神話的呪物であった浪振る比礼《ひれ》などが、年月とともに磨滅したので、のちに現実的な祭器に替わったのかもしれない。

『日本書紀』によると、ヒボコの曾孫の清彦が、垂仁天皇に命じられ、これらの神器を献上させられたが、出石の刀子だけは衣の下に隠して残そうとしたのを、天皇に見とがめられ、これも献上させられた。神宝類はみな神庫（おそらく石上神宮の）に納められたが、刀子だけはいつのまにか紛失していた。出石刀子だけは清彦の家にもどり、さらに淡路島に到り着いたので、島の人たちがこれをまつって祠を建てたという。

大和朝廷は、崇神紀の出雲の神宝の例にもあるように、地方豪族の持つ神宝や神器を取り上げて、その神威《カリスマ》を失わせ、中央集権の実をあげようとしたのであり、この垂仁紀の清彦の神宝献上の説話も、そのあらわれである。

99

神功皇后

もとは出石族の母神か

第十四代仲哀《ちゅうあい》天皇の妃で、天皇とともに筑紫に遠征し、天皇の崩後、住吉の神の神託に従って、軍船を率い、海を渡って韓土に赴き、新羅国を征し、これを服属させたという、伝説的人物神功《じんぐう》皇后、和名オキナガタラシヒメノミコトは、つぎの十五代応神天皇（ホムダワケ天皇）の実母ということになって、記紀には特筆されているが、彼女が果たして実在人物としての徴証をもつかというと、はなはだ疑わしいのである。

彼女の母の生家がアメノヒボコの子孫の但馬の出石族であることは、『古事記』の明記しているところである。『日本書紀』では、近江の豪族息長《おきなが》氏の出であるとしていて、父系を皇別《こうべつ》氏としている。

皇后の名オキナガタラシヒメは、この息長氏の出であることを表わすようにみえるが、彼女はまた『播磨国風土記』や『続日本後紀』などでは、オオタラシヒメと呼ばれている。むしろそのほうが素朴な民間信仰的名称であり、これが本来の原像ではないかということは、三品彰英、塚口義信などの指摘するところであった。

この皇后のゆかりの地と、記紀や風土記に伝える地が、ほとんどアメノヒボコ、ツヌガアラシト、ヒメコソの神のゆかりの地と重なり合っていることを指摘したのは三品彰英である。

怡土《いと》県主の祖のイトテは、仲哀と神功の親征を迎えて帰順した人物であるが、同時にこの人物は「ヒボコの苗裔《すえ》」なのであった。このふきんには皇后の神託の地の香椎《かしい》宮《みや》もあり、皇后が出産の時期を遅れさせるため腰に当てたという鎮懐石がまつられたという子饗《こふ》の原（子負原）や、応神を出産したというウミなどもあった。播磨、淡路、摂津、近江、若狭なども、みな両者の伝承が重なり合っている。

これはいったい何を示すのかというと、両者の伝承とも、この渡来人集団であった出石族のもち伝えた伝承であるということである。出石人の伝承には、赤玉とか白玉とか、とかく石に関する説話が多いのが特色である。

ヒボコのもたらした宝物にも、ウカカノ赤石《あかし》の玉とか羽《は》太玉《ふとだま》、足高玉《あしたかのたま》など、とかく玉や石が多い。これは実際の崇拝をも物語っている。神功の説話にも、とかく玉や石が多い。

皇后の事績には、なんらかの地方的習俗や特定の神の崇拝の由来話が多く、とうてい歴史人物とは思えない。

『摂津国風土記』逸文の美奴売《みぬめ》松原の条や『播磨国風土記』逸文の、ニホツヒメノミコトの条には、多くの神々を呼び集め出陣を助けさせている。おそらくもとは一種の母神であったと思われる。皇后と御子の応神は、一種の母子神崇拝からきた伝承で、これがのちに実在の応神天皇の系譜にとりこまれ、歴史化されたのであろう。北九州にはとくにそうした神母《じんも》とか聖母《しょうも》とかいう名の母神が崇拝されていたらしい。

100 応神天皇

仲哀とは血縁の断絶がある応神・仁徳朝

記紀の説話に従えば、もちろん第十五代の応神は、第十四代の仲哀の実の子となっている。仲哀、すなわちタラシナカツヒコは皇后オキナガタラシヒメのほか、従妹オオナカツヒメをも妃とし、カゴサカ・オシクマの二皇子を生んだ。ほかに一妃がいる。

応神ホムダワケ天皇は、神功と仲哀の子で、仲哀と神功とが熊曾征討のため筑前の香椎宮にいましたとき、皇后の胎内に宿ったと記され、そのとき皇后に憑《の》り移った住吉大神の神託にも、「ただ今、皇后始めてはらめるあり」と告知されている。神託を信じなかった仲哀は、神の怒りに触れ崩じるのである。

また一伝によると、天皇は熊曾の矢にあたって崩じたともいう。

皇后はそこで例の鎮懐石を腰にはさみ、出産をおさえ、神託にしたがって、新羅に軍征し、翌年十二月に筑紫に凱旋すると、筑紫野ウミで御子応神を生んだという。懐胎から分娩まで十五ヵ月間かかったことになっている。

この応神と母后を奉じた軍が、やがて軍船で畿内に攻めのぼるのを、仲哀の遺児カゴサカ・オシクマの二王が、迎え撃ち、内乱となるが、皇后の軍は勝ち、応神が位に即く。

この話の信憑性に、いちはやく疑いを投げかけたのは、江戸時代の考証家藤貞幹だが、その著『衝口発《しょうこうはつ》』のなかで、「神武天皇の御末は仲哀天皇にて尽《つき》させたまふ。……中略……按《あんず》るに応神天皇はいづくより出《いで》させたまふや。胎中天皇いろく疑《うたがわ》しく思はるるなり」と、鋭い批判をはなっている。戦後、自由な批判研究が出て、これは、王朝論の重要な課題になった。

水野祐が、昭和二十七年『日本古代王朝史論序説』で、日本古代には三王朝が交迭《こうてつ》した。つまり、I崇神・成務・仲哀の崇神王朝（呪的王朝）、II応神以下八代の仁徳王朝（征服王朝）、III継体以後歴代の継体王朝（統一王朝）、がつぎつぎに替ったとし、九州出身の応神は仲哀の子ではなく、じつは、九州の熊曾の出であり、朝鮮からの渡来種族の形成した狗奴国の王であったが、その子の仁徳の大和への侵攻により、応神が先王朝の二王子を殺し、王者となったという伝承ができたという説を唱えた。そして神功伝承は、この相異なる両王朝を一系に結びつけようとするために作られた説話であるという。これに対し、応神の九州出自は認めないが、その皇統の継絶は認め、応神・仁徳の新王朝を、難波・河内方面出自の豪族だとする、直木孝次郎、上田正昭、岡田精司、吉井巌などの諸氏の、河内王朝論なども出てきた。

いずれも、応神・仁徳の王朝は、仲哀までの先王朝とは血縁的に無関係ということになる。

西欧にも、簒奪者が現われ、前の王統をたおして新しい王朝を築く場合に、口実として、先王朝との血縁的つながりを主張することがすくなくない。『住吉神代記』では、住吉大神が皇后と情事をもっている。たぶん、応神はこの神によって母の神功に宿った神の子で、新しい王朝の建設者とする伝承があり、それと仲哀の系譜が結びつけられたのであろう。

参考文献

1　松前健『日本の神々』（昭49、中公新書）
2　松本信広『日本神話の研究』（昭46、東洋文庫）／大林太良「記紀の神話と南西諸島の伝承」（『昭41、国語と国文学』43の4）
3　土橋寛『古代歌謡と儀礼の研究』（昭40、岩波書店）／松前健「国生み神話と淤能碁呂島」（『古代伝承と宮廷祭祀』（昭49、塙書房）
4　ピーター・バック『偉大なる航海者たち』鈴木満男訳（昭41、現代教養文庫）／松前健『日本神話と古代生活』（昭45、有精堂）／大林太良『日本神話の起源』（昭36、角川新書）
5　白鳥庫吉『神代史の新研究』（『日本上代史研究』上、白鳥庫吉全集第一巻、昭44、岩波書店）／ネリー・ナウマン「天の御柱と八尋殿についての一考察」藤本淳雄訳（伊藤清司・大林太良編『日本神話研究』2、昭52、学生社）／松前健「国生み神話と淤能碁呂島」（『古代伝承と宮廷祭祀』昭49、塙書房）／鈴木重胤『日本書紀伝』五／松前健『日本の神々』（昭49、中公新書）
6　松前健『日本神話の新研究』（昭35、桜楓社）
7　松本信広『日本神話の研究』（昭46、東洋文庫）／石田英一郎・江上波夫・岡正雄・八幡一郎『日本民族の起源』（昭33、平凡社）／大林太良『日本神話』（昭51、大月書店国

民文庫）／松前健「国生み神話考」（『日本神話と古代生活』昭45、有精堂）

8 松前健『日本神話の新研究』（昭35、桜楓社）

9 松本信広『日本神話の研究』（昭46、東洋文庫）／松前健『日本神話の新研究』（昭35、桜楓社）

10 A. Van Gennep, The Rites of passage, phoenix Books, 1960／松前健「説話の伝播と土俗信仰」（昔話研究懇話会『昔話　研究と資料』2号、一九七三年）

11 松前健『日本神話の新研究』（昭35、桜楓社）

12 松前健「内侍所神楽の成立」（『平安博物館紀要』第四、後に『古代伝承と宮廷祭祀』昭49、塙書房に再録）／松前健「大嘗祭と記紀神話」（『日本書紀研究』4、昭45、1月。後に『古代伝承と宮廷祭祀』に再録）

13 松本信広『日本の神話』（昭33、至文堂）／松前健「太陽の舟と常世信仰」（『国学院雑誌』62の2・3号、昭36、後に『日本神話と古代生活』に再録）

14 松前健「天照御魂神考」（『国学院雑誌』62の12、昭36、後に『日本神話と古代生活』に再録）／筑紫申真「アマテラスの誕生」（昭36、角川新書）／折口信夫「天照大神」（『社会民俗事典』上、後に折口信夫全集第二十巻所収）

15 松前健『日本の神々』（昭49、中公新書）

16 岡田精司『古代王権の祭祀と神話』（昭45、塙書房）／松前健『日本の神々』（昭49、中公新書）

17 『尾張国熱田大神宮縁記』(『新校群書類従』一神祇部)/松前健「尾張氏の系譜と天照御魂神」(『古代伝承と宮廷祭祀』昭49、塙書房)

18 上田正昭『日本古代国家論究』(昭43、塙書房)/岡田精司『古代王権の神話と祭祀』(昭45、塙書房)/上田正昭『大和朝廷』(昭42、角川新書)/直木孝次郎『神話と歴史』(昭46、吉川弘文館)/なお皇祖神化の過程については、松前健『日本の神々』(昭49、中公新書)

19 石田英一郎「隠された太陽」(『桃太郎の母』昭31、法政大学出版局)/松前健『日本の神々』(昭49、中公新書)

20 宮廷鎮魂祭の形成過程については、松前健「鎮魂祭の原像と形成」(『古代伝承と宮廷祭祀』昭49、塙書房)

21 イエンゼン『殺された女神』大林太良・牛島巌・樋口大介訳(昭52、弘文堂)また吉田敦彦『小さ子とハイヌウエレ』(昭51、みすず書房)/大林太良『稲作の神話』(昭48、弘文堂)/松村武雄『日本神話の研究』第三巻(昭33、培風館)

22 石田英一郎「月と不死」(『桃太郎の母』昭31)/松前健『日本神話の新研究』(昭35、桜楓社)

23 伴信友『神名帳考証』八

24 野尻抱彰『星の神話伝説集成』(昭30、恒星社恒星閣)

25 石田英一郎・江上波夫・岡正雄・八幡一郎『日本民族の起源』(昭33、平凡社)

26 前に同じ

27 三品彰英『日本神話論』（昭45、平凡社）／松前健『古代伝承と宮廷祭祀』（昭49、塙書房）
28 松前健『古代伝承と宮廷祭祀』（昭49、塙書房）／本居宣長『古事記伝』十五／武田祐吉『古事記説話群の研究』（昭29、明治書院）
29 折口信夫『古代研究』民俗学篇Ⅱ（折口信夫全集、第二巻）／松前健「古代王権と記紀神話」（『日本神話と古代生活』昭45、有精堂）／護雅夫『遊牧騎馬民族国家』（昭42、講談社現代新書）／江上波夫『騎馬民族国家』（昭42、中公新書）／大林太良『日本神話の起源』（昭36、角川新書）
30 M. Eliade, Myth and Reality, 1963／堀岡文吉『国体起源の神話学的研究』（昭4、培風館）／松前健「大嘗祭と記紀神話」（『日本神話と古代生活』昭45、有精堂）／岡田精司『古代王権の神話と祭祀』（昭45、塙書房）
31 W. W. Skeat, Malay Magic, London, 1924／宇野円空『マライシアに於ける稲米儀礼』（昭19、晃書院）／堀一郎「奥能登の農耕儀礼について」（昭30、古川弘文館）／柳田國男『海上の道』（昭36、筑摩書房）／三品彰英『古代祭政と穀霊信仰』（昭48、平凡社）
32 松前健『古代伝承と宮廷祭祀』（昭49、塙書房）また同『神々の系譜』（昭49、中公新書）／直木孝次郎『日本古代の氏族と天皇』（昭39、塙書房）また青木紀元『日本神社の基礎的研究』（昭45、風間書房）
33 松前健『日本神話の新研究』（昭35、桜風社）／R. B. Dixon, Oceanic Mythology, Boston, 1916／金子正『奄美に生きる日本古代文化』（昭38、刀江書院）／柳田國男『神

を助けた話」（定本柳田國男集、第十二巻　筑摩書房）

34　松前健『古代伝承と宮廷祭祀』（昭49、塙書房）／直木孝次郎『神話と歴史』（昭46、吉川弘文館）

35　松前健『日本神話の形成』（昭45、塙書房）および同『出雲神話』（昭51、講談社現代新書）

37　門脇禎二『出雲の古代史』（昭51、NHKブックス）／井上光貞「国造制の成立」（『史学雑誌』60の11、昭29）

39　鳥越憲三郎『出雲神話の成立』（昭41、創元社）また松村武雄『日本神話の研究』第二巻（昭31、培風館）／松前健『日本の神々』（昭49、中公新書）

40　三品彰英『日本書紀朝鮮関係記事考証』上（昭37、吉川弘文館）／水野祐『出雲神話』（昭47、八雲書房）

43　山田新一郎「神代史と中国鉄山」（『歴史地理』29・30）／水野祐『出雲神話』（昭47、八雲書房）

44　柳田国男『海上の道』（昭36、筑摩書房）／松前健『日本神話の形成』（昭45、塙書房）／松前健『日本神話の新研究』（昭35、桜楓社）

46　堀田吉雄『山の神信仰の研究』（昭41、伊勢民俗の会）

51　井上光貞『国造制の成立』（『史学雑誌』60の11）／上田正昭『日本古代国家成立史の研究』（昭34、青木書店）

52　折口信夫『古代研究』民俗学篇Ⅰ（『折口信夫全集』第二巻）／松前健『日本神話と古

代生活』（昭45、有精堂）
58 藤森栄一『諏訪大社』（昭40、中央公論美術出版）
59 吉井巌『天皇の系譜と神話』二（昭51、塙書房）
61 倉野憲司「出雲国造神賀詞について」（『神道学』34号）／鳥越憲三郎『出雲神話の成立』（昭41、創元社）
63 喜田貞吉『日向国史』（昭5、史誌出版社）
64 松村武雄『日本神話の研究』第三巻（昭33、培風館）／大林太良『日本神話の起源』（昭36、角川新書）／H. Schäreer, Ngaju Religion, trans. by R. Needham, Hague, 1963
65 折口信夫『古代研究』民俗学篇Ⅰ（折口信夫全集第二巻、中央公論社）／折口信夫『古代研究』国文学篇（全集第一巻）
66 松本信広『日本神話の研究』（昭46再刊、東洋文庫）
69 折口信夫『古代研究』民俗学篇Ⅰ（折口信夫全集第二巻）／中山太郎『日本民俗学』2（昭52再刊、大和書房）／松村武雄『日本神話の研究』第三巻（昭31、培風館）
70 金関丈夫『発掘から推理する』（昭50、朝日選書）
71 本居宣長『古事記伝』十七／小林行雄「隼人造籠考」（『日本書紀研究』第一冊、昭39、塙書房）／岩田慶治『日本文化のふるさと』（昭41、角川新書）
72 守屋俊彦『記紀神話論考』（昭48、雄山閣）／次田真幸『日本神話の構成』（昭48、明治書院）
74 与世里盛春『大和民族の由来と琉球』（昭31、生態同好会）／任東権『朝鮮の民俗』（昭

44、岩崎美術社）／本居宣長『古事記伝』十七

75 井上光貞『日本国家の起源』（昭35、岩波新書）／井上辰雄『隼人と大和政権』（昭49、学生社）

76 津田左右吉『日本古典の研究』上（昭38、岩波書店）

79 高木市之助『吉野の鮎』（昭16、岩波書店）

80 松前健『古代伝承と宮廷祭祀』（昭49、塙書房）

81 吉井巌『ヤマトタケル』（昭52、学生社）／松前健『ヤマトタケル伝承の成立㈠』（昭56、立命館文学四三五号）／ラディン・ケレーニイ、ユング『トリックスター』（昭49、皆河・高橋・河合訳、昌文社）

82 岡田精司『古代王権の祭祀と神話』（昭45、塙書房）

83 高木敏雄『比較神話学』（大13、武蔵野書院）／柳田國男『妹の力』（定本柳田國男集第九巻）

84 土橋寛『古代歌謡論』（昭36、三一書房）

85 門脇禎二『神武天皇』（昭33、三一書房）／直木孝次郎『神話と歴史』（昭46、吉川弘文館）／上田正昭『日本古代国家論究』（昭43、塙書房）

86 C. M. Chadwick, The Heroic Age, Cambridge. 1912

87 Lord Raglan, The Hero, London, 1949, ／Jan de Vnies, Heroic Song and Heroic Legend, London, 1963

89 折口信夫『日本文学の発生序説』（昭22、斎藤書店）／石母田正『古代貴族の英雄時代』

（昭23）／藤間生大『やまとたける』（昭33、角川新書）
90 福田良輔『古代語ノート』昭35、桜楓社）／吉井巌『ヤマトタケル』（昭52、学生社）
91 直木孝次郎『古代氏族と天皇』（昭39、塙書房）
93 松前健『日本神話と古代生活』（昭45、有精堂）・『古代伝承と宮廷祭祀』（昭49、塙書房）
94 松前健『日本神話の新研究』（昭35、桜楓社）
96 三品彰英『増補日鮮神話伝説の研究』（昭47、平凡社）
99 三品彰英『増補日鮮神話伝説の研究』（昭47、平凡社）／塚口義信「大帯日売考」（『日本書紀研究』第五冊、昭46、塙書房）
100 松前健「神功皇后伝承の形成」（『山邊道』20号、昭51、天理大学）

あとがき

日本神話の体系は、いつごろ成立したのか、太陽神アマテラスは、最初から皇室の祖神とされていたのか、国生みの神であり、神々の親とされるイザナキ・イザナミ二神は、アマテラスの親神だとされながら、宮廷にまつられていないのはなぜか、また高天原で、あれほど暴行をほしいままにしたスサノオが出雲に降るや、打って変わって、人びとの難儀を救う英雄神になったのはなぜか、また出雲の神オオナムチとその眷属神たちが、かつて日本全国土を支配していたように描かれているのは、いったいなぜなのか、それに近い史実があったのかどうか、またその出雲の国を服属させるために、天つ神側が、何度も使者をやり、談判をさせ、やっとのことで、成就するというほどの犠牲をはらいながら、その当の出雲の地とは、およそかけはなれた、クマソ族の住む、南九州の日向の地に、天孫をなぜ降臨させなければならなかったのか、また神武《じんむ》天皇《てんのう》、ヤマトタケル、神功皇后《じんぐうこうごう》などの、いわゆる歴史伝説は、果たしてどこまで史実の中核ともいうべきものがあったのか、日本には果たして英雄時代は存在したかどうか、等々の幾多の問題は、従来から多くの学者たちによって論じられて来た。

これらは多く歴史と説話伝承との関係にかかわる問題であり、ひいては、大和朝廷の成立・起原の問題にかかわって来る問題でもある。

また日本神話の中に、周囲の諸民族、たとえば、中国、朝鮮、シベリア、東南アジア、オセアニアなどの原住民に伝わる神話伝承と、しばしばモチーフが酷似しているものが見出されるのは、いったいどういうわけか、たんなる偶然の近似か、それともなんらかの伝播《でんぱ》によるものか、等々の問題もある。これは、日本文化の源流・系統にかかわって来る問題である。

本書は、こうした、日本神話をめぐるいくたの謎について、入門的・啓蒙的な謎解きを試みたものである。

戦前・戦中の皇国史観が、国民全体に強制されていた時代は、もちろん、このような謎について、公然と科学的な立場から、謎解きをおこなうことは、だれも許されなかった。津田左右吉博士の厳密な文献批判による古典研究が、戦前に、激しい弾圧を蒙ったことでも判るであろう。

津田の文献批判ばかりでなく、高木敏雄、松村武雄、松本信広、三品彰英などの、比較神話学や民族学などの立場からの日本神話研究や、折口信夫、肥後和男などの民俗学の立場からの古代伝承の研究も、戦前からおこなわれていたが、なんといっても、たえず当局のきびしい目が光っていて、自由な研究活動など、とうてい望むべくもなかったのである。

終戦後、天皇の人間宣言によって、あらゆるタブーが解消し、自由な立場で、こうした学問研究ができるようになったことは、喜ばしいことである。従来神秘化され、タブー視されていた日本神話、日本民族の源流・起源、日本国家・皇室の起源などの謎に向かって、歴史学、人類学、考古学、民俗学などの各分野から、いっせいに解明・追究がなされて行った。昭和二十三年に、石田英一郎司会のもと、岡正雄、江上波夫、八幡一郎の三人がおこなった、日本民族文化と国家の起源にかんするシンポジウムなどは、この風潮の先鞭《せんべん》を切ったものであり、学界に大衝動を与えた。

わたしが、日本神話の研究を志したのも、ほぼそのころからであった。昭和十八年に学徒兵として出陣し、ボルネオから昭和二十一年の夏に復員して来たわたしは、戦前の史観に対する批判、古典神話への正しい認識の必要性を痛感したのである。神話はそのままが史実ではない。もしその中に、なんらかの史実の中核があったとしても、数十・百年の間には、数多くの民間伝承や神話のモチーフが付加せられ、すっかり伝承説話化され、一個の説話型として解釈しなければならないことは、世界のあらゆる民族の神話伝承にも妥当することである。神話に語られている節を鵜呑《うの》みにして、史実と同一視したところに、誤った皇国史観がある。

しかし、戦前のこうした歪《ゆが》められた皇国史観・神話観に対し、戦後は、これにかわるに、今度は極端な古典神話排斥と追放がはじまった。戦前の神話観の誤りは、正しい科学的・客観的な研究方法の否定であったことに存する。戦後のめざすべき方向は、正しい神話の把握・理解にあったはずであるのに、正しい神話の見かたを持とうとするかわりに、神話そのものを一切の知識の場から追放してしまったのである。現代の若い人は、たとえ文学系の大学の学生でも、古典神話については何も知らない。スサノオやオオナムチ、ヤマトタケルなどの名は、かろうじて知っていても、そのストーリーは何も知らない。

欧米人にとっては、ギリシア・ローマの古典神話の知識は、彼等自身の文化の源泉と本質を理解するに必要欠くべからざるものと考えられているし、それなりに、理解のしかたも心得ている。また絶えず新しい見かたを得ようとつとめている。決して、神話の教養そのものを、追放しようとはしていない。

神話は、一面に古代人の世界像、宗教観、社会観の表われでもある。これを資料として、かれらの精神文化の中核を知ることができ、民族文化の源流や古代社会の状態を探ることも可能なのである。取り扱いさえ誤らなければ神話は古代文化探究の貴重な資料となる。

現在、日本神話の研究法には、津田以来の文献的、歴史学的方法と、高木、松村以来の比較神話学的方法の二つの流れがある。上田正昭、直木孝次郎、水野祐、岡田精司、吉井巌などの業績は、前者に属し、大林太良、吉田敦彦などのそれは後者に属する。現在は、さらに若い研究者がそれぞれの方面から新しい業績をあげて来ている。

わたしの方法はと言えば、よく言われていることであるが、その両者の方法をあわせ含む総合的方法といえるかも知れない。昭和三十五年に出した『日本神話の新研究』や、昭和四十五年の『日本神話と古代生活』は、主として比較神話・民族学的方法が強く出ているが、昭和四十五年の『日本神話の形成』や、昭和四十九年の『古代伝承と宮廷祭祀』、同年の『日本の神々』、また同五十一年の『出雲神話』などは、みな歴史性が強く出ている。本書においては、とくに両者の傾向を兼ねた総合的・多角的方法を志向したつもりである。

ひとつの神話の起源・系統を、比較神話的な方法や民俗学的方法で探求し、その原型と伝播経路をきわめるとともに、それらが豪族に採り上げられ、宮廷の神話体系に組み入れられ、『記』『紀』に見られる、現在の形になった過程を歴史的に再構成するのである。

したがって、わたしの日本神話論は、たんなる文化伝播説や、民族起源論・文化系統論の神話における適用ではない。神話の中に見出される日本の古代人の思惟やその生活、またこれを採り上げた貴族たちの社会や、その歴史的変遷の過程の再構成が、また重要な目的でもある。

こうした総合的・多角的方法によって、日本神話に包まれた謎は、少しずつでも解きほぐせるであろう。

現在、学界全体の傾向としても、しだいにこうした総合的方法へと志向されようとしていることは、喜ばしいことである。日本神話にかんする各分野からのアプローチを結集した講座やシンポジウムなどの成行なども、そのあらわれである。

ただこうした総合的方法は、まだ緒についたばかりで、現在なにからなにまで一切の謎解きができたわけではない。より進んだ解明は、将来に待たれなければならない。

なお本文中は敬称を省略させていただいた。

松前《まつまえ》　健《たけし》

本作品は小社より二〇〇七年一二月に刊行された『日本神話の謎がよくわかる本』を改題し、再編集して文庫化したものです。

松前 健（まつまえ・たけし）

1922年、朝鮮の木浦に生まれる。文学博士。天理大学・立命館大学・奈良大学教授を務める。専攻は上代文学・民俗学・文化人類学・歴史学と幅広く、日本神話学研究の第一人者。著書に、『日本の神々』（講談社学術文庫）、『古代信仰と神話文学』（弘文堂）など多数。2002年没。

だいわ文庫

こんなに面白《おもしろ》かった日本神話《にほんしんわ》

著者　松前《まつまえ》 健《たけし》

二〇二一年二月一五日第一刷発行

発行者　佐藤 靖

発行所　大和《だいわ》書房

東京都文京区関口一-三三-四 〒一一二-〇〇一四

電話 〇三-三二〇三-四五一一

フォーマットデザイン　鈴木成一デザイン室

本文デザイン　岩永香穂（MOAI）

企画・構成　波乗社

本文印刷　信毎書籍印刷

カバー印刷　山一印刷

製本　小泉製本

ISBN978-4-479-30856-0

乱丁本・落丁本はお取り替えいたします。

http://www.daiwashobo.co.jp

だいわ文庫の好評既刊

＊三宅香帆 著
相澤いくえ 絵
妄想とツッコミでよむ万葉集
キラキラネーム、謎の美少女と出会うラノベ展開、おじさんLINEもあった!? 万葉集研究者&批評家OLが繰り出す怒涛の和歌紹介。
700円
400-1 E

＊今和泉隆行
どんなに方向オンチでも地図読めるようになる本
タモリ倶楽部やアウト×デラックス出演で話題！ 地図&地理感覚のプロが、地図を読むコツや方向オンチを直す秘訣を大解説！
680円
401-1 E

森 拓郎
味覚を変えればやせられる
リバウンドなし、食事が美味しくなって一生続けられるダイエット。食のストレスが一切なくなる画期的な本。
680円
402-1 A

しみずたいき
行き抜いて、息抜いて、生き抜いて。
SNSで40万人が泣いた珠玉の言葉集。「心にぐさぐさ刺さる」と、カリスマ人気セラピストの言葉に救われた人続出。待望の文庫化！
680円
403-1 D

奥田健次
叱りゼロで「自分からやる子」に育てる本
「やりなさい！」と叱らなくても「認め」て「褒め」れば子どもは変わる！イライラ子育てにサヨナラできる、目からウロコのアドバイス。
680円
404-1 D

たっく
必要十分生活
バスタオル、机の引き出し、プリンター、ペン立て、掃除機、収納グッズ、思い出の品――これらすべて人生に不要なモノ。
680円
405-1 D

＊印は書き下ろし

表示価格はすべて本体価格（税別）です。本体価格は変更することがあります。

だいわ文庫の好評既刊

隈研吾
隈研吾による隈研吾
「和」の大家・隈研吾が、〝負ける建築〟という独自の哲学のルーツを語る。国立競技場だけじゃない、絶対に見るべき「隈建築」入門！
740円 406-1 F

渡邉義浩
入門 こんなに面白かった三国志
三国鼎立の乱世を駆け巡った英雄達の生きざま、政治的手腕、そこに絡み合う人間模様、覇権を賭けた死闘の数々を、十全に理解できる本。
740円 400-1 H

＊真印
願いをかなえる〈神さま貯金〉
10万人以上が涙した！「四国の神様」と呼ばれるスピリチュアル・ガイドが伝える、絶対に幸せをつかめる、シンプルなこの世の法則。
680円 408-1 C

大津秀一
傾聴力
医療・介護現場のプロが必ず実践している、本当の「聴く力」を身につければ、大切な人が元気になります。
800円 409-1 D

＊「漢字脳トレ」問題制作委員会
読んで、書いて、思い出す！漢字脳トレ
あなたは何問読めますか？ 読めそうで読めない漢字を思い出すのは脳活に効果的！ 全600問、55歳から始めよう！
740円 410-1 E

東海林さだお
ひとり酒の時間 イイネ！
笑いと共感の食のエッセイの第一人者の東海林さだお氏による、お酒をテーマにした選りすぐりのエッセイ集！ 家飲みのお供に。
800円 411-1 D

＊印は書き下ろし

表示価格はすべて本体価格（税別）です。本体価格は変更することがあります。

だいわ文庫の好評既刊

＊望月麻美子
三浦たまみ
早わかり！西洋絵画のすべて
世界10大美術館
あの名画がこの一冊に！ 迫力の120点掲載。ルーブルからメトロポリタン、エルミタージュ。フェルメールにもゴッホにも会える。
740円
002-J

＊水野久美
いつかは行きたい
ヨーロッパの世界でいちばん美しいお城
堅城・麗城・美宮を舞台に繰り広げられる「運命の人たち」の壮絶なエピソードが満載。ため息が出るほど美しいヨーロッパお城紀行。
740円
003-J

＊斎藤潤
絶対に行きたい！ 日本の島
日本には約7000の離島がある。厳島や佐渡島、屋久島のようなメジャーな島をはじめ、日本人なら読めば絶対に行きたくなる島々！
740円
005-J

＊木村泰司
名画は嘘をつく
「夜警」「モナリザ」「最後の審判」「ラス・メニーナス」「叫び」など、西洋絵画に秘められた嘘を解き明かす斜め上からの芸術鑑賞！
740円
006-J

＊木村泰司
名画は嘘をつく2
「実はタイトルが違った」「そんな景色は存在しない」等、ゴッホ、マネ、ルーベンス、レオナルドらが絵に込めた幾多の真実を明かす！
740円
013-J

＊木村泰司
名画の本音
～名画は嘘をつく3
名だたる画家たちが絵に込めたメッセージを紐解く。「驚きの連続」とテレビや新聞など各メディアで評判となった人気シリーズ第3弾！
740円
021-J

＊印は書き下ろし

表示価格はすべて本体価格（税別）です。本体価格は変更することがあります。